Colloquial
Danish

The Colloquial Series

Series Adviser: Gary King

The following languages are available in the Colloquial series:

* Afrikaans
  Albanian
* Amharic
  Arabic (Levantine)
  Arabic of Egypt
  Arabic of the Gulf and
    Saudi Arabia
  Basque
  Bulgarian
* Cambodian
* Cantonese
* Chinese
* Croatian and Serbian
* Czech
* Danish
* Dutch
* Estonian
* Finnish
* French
  German
  Greek
  Gujarati
* Hindi
* Hungarian
* Icelandic
  Indonesian
  Italian
* Japanese

* Korean
* Latvian
* Lithuanian
  Malay
* Mongolian
* Norwegian
  Panjabi
* Persian
* Polish
* Portuguese
* Portuguese of Brazil
* Romanian
* Russian
* Scottish Gaelic
* Slovak
* Slovene
  Somali
* Spanish
* Spanish of Latin America
* Swahili
  Swedish
* Tamil
* Thai
* Turkish
* Ukrainian
* Urdu
* Vietnamese
* Welsh

Accompanying cassette(s) (*and CDs) are available for the above titles. They can be ordered through your bookseller, or send payment with order to Taylor & Francis/Routledge Ltd, ITPS, Cheriton House, North Way, Andover, Hants SP10 5BE, UK, or to Routledge Inc, 29 West 35th Street, New York NY 10001, USA.

COLLOQUIAL CD-ROMs
Multimedia Language Courses
Available in: Chinese, French, Portuguese and Spanish

Colloquial
Danish

The Complete Course for Beginners

W. Glyn Jones and Kirsten Gade

Routledge
Taylor & Francis Group

LONDON AND NEW YORK

First published 1993
by Routledge

Reprinted in 1996, 1999, 2002

Second edition published in 2003
by Routledge
11 New Fetter Lane, London EC4P 4EE

Simultaneously published in the USA and Canada
by Routledge
29 West 35th Street, New York, NY 10001

Routledge is an imprint of the Taylor & Francis Group

© 1993, 2003 W. Glyn Jones and Kirsten Gade

Illustrations by Russell Bryant

Typeset in Times and Univers by
Florence Production Ltd, Stoodleigh, Devon
Printed and bound in Great Britain by
TJ International Ltd, Padstow, Cornwall

British Library Cataloguing in Publication Data
A catalogue record for this book is available from the British
Library

Library of Congress Cataloguing in Publication Data
A catalog record for this book has been requested

ISBN 0–415–30182–3 (Book)
ISBN 0–415–30180–7 (CDs)
ISBN 0–415–30179–3 (Cassettes)
ISBN 0–415–30181–5 (Pack)

Contents

About this book

Colloquial Danish consists of eighteen units, each containing about ninety new words. Each unit is built around a series of smaller units including texts, dialogues, explanatory language points and exercises.

On pages x–xiv there is a brief pronunciation guide, a review of the main language points, a key to exercises and English–Danish and Danish–English glossaries.

Below, we explain the aim of the various units and the best way of working with them. If you want to derive maximum benefit from the book, we suggest you do not skip this introduction!

Dialogues and Reading texts

The dialogues are a core element in this book. They are intended to teach you the kind of everyday language you will encounter anywhere in modern Denmark. However, as dialogues can often only be broken up into phrases, it is the phrases you should basically try to understand and learn to use rather than the individual words.

The Reading texts complement the dialogues and assist your language learning in a different way. The structure of a written language is normally simpler than that of the spoken language, and so the texts can often be more or less taken word by word. Going through the Reading texts with the help of the translation of new words, which are always immediately available either in the text in brackets or in a list below, will help you feel comfortable dealing with written material such as newspapers and books. It will, in addition, provide you with some insights into Danish life and culture.

We have taken care never to introduce a new word without giving an immediate translation of it. However, if you encounter a word you have forgotten, look it up in the Glossary.

Language points, useful phrases and exercises

We use as few grammatical terms as possible, but of course they cannot be entirely avoided. So, to help learners who have no previous experience of these terms, we try to illustrate each one as it occurs. No language points are introduced unless they have been illustrated in the preceding text or dialogue. So when working on these points, you should always keep an eye on the text above.

'Useful phrases' and 'Extend your Vocabulary' as well as the exercises will also give you material relevant to the texts.

Key to exercises

There are many different types of exercise in *Colloquial Danish*, and it is not always possible to provide a proper key. This is particularly true of those requiring your own thoughts and ideas. For others, the Key provides a natural answer, but in some cases, of course, there can be other correct answers in addition to those we provide.

Ready-Reference Grammar

This is in no way intended to be a complete grammar. It merely presents you with summaries of points otherwise dealt with at different stages in the book. So, for instance, we do not include numerals in this Summary – but the Index will tell you in which lesson you will find those.

Glossary

There are English–Danish and Danish–English glossaries at the back of the book.

The English–Danish glossary is less comprehensive than the Danish–English, although it contains all the words necessary for doing the exercises. This list does not contain comprehensive information on Danish words, so if you want to discover such things as inflections, you will have to look up the Danish word in the Danish–English glossary.

The Danish–English glossary contains all the words appearing in the lessons except for a small number of Danish words that do not appear outside specific texts.

The Danish alphabet

The letters 'c', 'q', 'x' and 'z' do not belong to the Danish alphabet and are only used in foreign loan words. Nor is 'w' common; dictionaries place the few words beginning with it under 'v', with which it is identical in pronunciation. On the other hand, Danish has three extra letters: 'æ', 'ø' and 'å', which are placed in that order at the end of the alphabet.

Pronunciation

Danish is a relatively easy language for an English speaker to learn, and the only major difficulty is the pronunciation. Following is a guide to Danish pronunciation in order to provide you with a simple basis on which to work. As is true of any language, however, use of the diskette is essential if you are to achieve authentic pronunciation.

A simple guide to pronunciation 🔲

The Danes themselves will often jokingly refer to their language as a disease of the throat. In doing so, they are thinking of a feature that distinguishes Danish from many other languages, the fact that it is a soft and therefore often indistinct language, whereas the popular concept of a foreign language is one that is sharp and clipped possibly with an exaggerated clarity. One result of this is that Danes speaking English are often mistaken for Irish people.

It is not feasible to give a detailed account of Danish pronunciation within the compass of a short introduction, but the following should give you some idea. If you have the cassettes, you will, of course, be able to hear the sounds for yourself. The Danish alphabet contains three more letters than the English, although certain letters in the English alphabet are rarely used in Danish. These letters are in brackets in the following:

a b (c) d e f g h i j k l m n o p
(q) r s t u v (w) (x) y (z) æ ø å

Vowels

It is possible to illustrate Danish vowels in the following manner:

	front vowels		back vowels
closed	**i**	**y**	**u**
half closed	**e**	**ø**	**o**
half open	**æ**		**å**
open	**a**		
	unrounded		*rounded*

The terms need a little explanation. Front vowels are, as the expression suggests, pronounced at the front of the mouth, much as the

English 'i' in 'pin' or 'ee' in 'bee'. The back vowels, on the other hand, are pronounced further back in the mouth, as the 'oo' in swoon'.

Each of these sets of vowels can be pronounced with the mouth more, or less, open – compare the English 'bin' and 'ban'. As you descend the lists of Danish vowels above, you will discover that your mouth must be more and more open.

All Danish vowels can be long or short, and the spelling of the relevant words will usually indicate which is which. If followed by a double consonant, a vowel will almost always be short; if followed by a single consonant plus another vowel, or if the vowel ends a word, it will normally be long.

Taking the simplest first, we will now look at the first column:

i: short: very much like the English 'i' in 'bin': **minut**.

i: long: similar to English 'ee' in 'bee' or 'ea' in 'heat': **ride**, **sine**.

e: short: like the English 'e' in 'pen'; **besøg**.

e: long: not unlike the 'ai' in English 'pain': **melis**.

e: at the end of a word, it will often be reduced to something like the second 'o' in 'London': **ingen**, **prale**.

æ: a slightly more open form of 'e': **æble**, **læse**.

a: short: similar to the English 'a' in 'cat', but rather more open: **sandt**, **kat**.

a: long: again a lengthened version of the above: **gade**, **male**.

The final column goes like this:

u: short: rather like the English 'u' in 'put': **fuld**, **du**.

u: long: similar to the English 'oo' in 'boot': **drue**.

o: short: like the English 'o' in 'gone': **blot**.

o: long: like the English 'oa' in 'coal': **hoste**.

å: short and long: a rather more open sounding 'o': **blå**, **håbe**, **på**.

The middle column will require a little more effort:

y: the long version is formed by rounding your lips as though to say 'oo', and with your lips in that position trying to say 'ee'. The sound is much like the French 'u' in 'tu', or the German 'ü' in 'müde': **lyve**.

The short form corresponds to the short form of **ø**, below: **lykke**.

ø: formed by rounding your lips as though to say 'o', and with your lips in that position trying to say 'e'. The result is much like the French 'eu' or the German 'ö': **købe**.

Certain vowel-consonant combinations often result in diphthongs:

-og and **-ov:**	something like the '-ow' in 'crow', but more open: **doven**.
-og and **øj:**	similar to the 'oy' in 'boy': **høj**. However, note that the **-øg** in **bøgegren** does not form a diphthong.
-ej, -aj, -eg:	similar to the 'y' in English 'my': **hej**, **nej**. But note that **eg** meaning oak does not form a diphthong.
-ig:	forms a diphthong pronounced like the English 'my' in the following words only: **mig**, **dig**, **sig**.
-av, af-:	(in compounds, e.g. **afstand**): like the English '-ow' in 'cow'. Thus: **afbestille**, **København**.

Consonants

Danish consonants are much like the English, though they tend to be lighter and formed further forward in the mouth, while **b**, **d**, **g** are not voiced as they are in English. There are, however, a few important differences:

d: At the end of a syllable, this consonant is 'soft', and the pronunciation is akin to the English 'th', but lighter. Your tongue should in fact not be between your teeth, as in English, but folded down behind your lower teeth. Examples: **glad**, **gade**.

d is not usually pronounced at all in the following combinations: **-ld**, **-nd**, **-dt**, **-ds**, and will often also be silent in the combination **-rd**: **kold**, **land**, **bord**.

g: At the end of a syllable this, too, is 'soft', formed by bringing the vocal chords together as though to say 'g', but not quite letting them touch. In practice, this 'soft' g is often more or less silent, as in **pige**, **læge**, **Køge**.

h: is always pronounced before a vowel: **hus**, **have**

is always silent before a consonant: **hvem**, **hvor**

k: is always pronounced, even in the combination **kn-**: **kniv**

r: is pronounced down at the back of the throat.

Immediately preceding or following certain vowels, **-r-** leads to their being pronounced lower down in the throat. There is thus a pronunciation difference of the **-a-** in **prale** and **male**, and the **-ø-** in **bøger** and **Børge**.

t: much like the English 't' in 'try': **Tivoli**

In the **-et** of a past participle **-t** has the same sound as the soft **d**: **gået**.

It is silent in **det** and in the conjunction **at**, pronounced as a short **a**. It is also silent in the infinitive **at**, which is pronounced as a short **o**.

v: at the beginning of a syllable pronounced rather like the English 'v', but unvoiced: **vaske**.

But it is usually silent after **l**: **selv**, **gulv**.

Between vowels the double consonants **-pp-**, **-kk-** and **-tt-** are pronounced exactly as though they were **-bb-**, **-gg-** and **-dd-** – but remember that they are not voiced.

The stød

Danish is famous for its **stød**, the glottal stop, a slight coughing-like stop that can turn up virtually anywhere. Listen for it, and try to adapt to it, but don't expect to be able to get it right at first: **hedder**, **bord**, **to**. You will never be misunderstood if you can't use it, and there are in fact Danish dialects (e.g. in southern Funen) where it doesn't appear at all.

Stress

In most words the stress will fall on the first syllable, and in compound words the main stress falls on the first component. This does not apply, however, to words beginning with **be-**, **ge-**, **er-**. In many cases **for-** will also be unstressed. Loanwords from French will normally keep the French pattern and have their stress on the last syllable: **station, universitet**. Note also that the following common words, all occurring in the text, have their emphasis on the second syllable: **hvorfor, hvordan, hvornår, hvortil, hvoraf**.

Intonation

The intonation of Danish sentences is generally flat with a tendency to sink at the end of a sentence.

1 Familien Nielsen i Køge

The Nielsen family in Køge

This unit deals with:

- Identifying someone
- Introducing yourself
- Nationality words
- Stress in Danish
- Personal pronouns as subject
- Talking about the present
- How to begin a conversation
- Asking how people are
- Saying 'Yes, please' and 'No, thank you'
- How to end a conversation
- Numbers 1 to 20

Dialogue 1 ▇▇

Two young men talking to each other at a party.

A: Hvem er det derovre?
B: Det er Martins søster.
A: Hvad hedder hun?
B: (Hun hedder) Nina.

A: *Who is that over there?*
B: *That's Martin's sister.*
A: *What's she called?*
B: *(She's called) Nina.*

Dialogue 2 ⬤⬤

Another partygoer, Hans, approaches Nina, who is unknown to him.

HANS: Hej! Hvem er du?
NINA: Jeg hedder Nina. Jeg er Martins søster.
HANS: Nå, så det er dig! Jeg kender Martin fra badminton.
NINA: Hvad hedder du?
HANS: Hans.
NINA: Nå, jeg har også hørt om dig.

HANS: *Hi, who are you?*
NINA: *I'm (called) Nina. I'm Martin's sister.*
HANS: *Oh, so that's you! I know Martin from badminton.*
NINA: *What's your name? (What are you called?)*
HANS: *Hans.*
NINA: *Oh, I've also heard about you.*

Dialogue 3 ⬤⬤

A third couple talking at the party.

A: Skulle vi ikke have en øl?
B: Er der nogen?
A: Ja, derovre.
B: Hvem er det, der taler med Nina?
A: Han hedder Hans. Han er meget glad for piger.

A: *Shouldn't we have a beer?*
B: *Are there any?*
A: *Yes, over there.*
B: *Who's that talking with/to Nina? (Who is it that is talking to Nina?)*
A: *He's called Hans. He's very fond of girls.*

Useful phrases 1

Hvem er det?	Who is that?
Hvad hedder du?	What's your name?
Jeg/han/hun hedder . . .	I/he/she is called . . .

Reading text 🔲

Jørgen, Nina's and Martin's father, introduces himself and his family.

Hej! Jeg hedder Jørgen Nielsen. Jeg er dansker, og jeg bor i Køge. Jeg er gift med Pamela. Hun er englænder, men hun taler dansk. Vi har to børn: Martin og Nina. De taler både dansk og engelsk.

Jeg er lærer og arbejder på en skole her i Køge. Pamela arbejder som sekretær på et turistkontor i København. Hun rejser til København med toget hver dag.

Nina er seksten år (gammel). Hun går i skole endnu. Martin går ikke i skole. Han er tyve (år) og er i lære hos en tømrer.

Hi! I'm called Jørgen Nielsen. I'm a Dane, and I live in Køge. I'm married to Pamela. She's English, but she speaks Danish. We have two children: Martin and Nina. They speak both Danish and English.

I'm a teacher and work at a school here in Køge. Pamela works as a secretary at a tourist information office in Copenhagen. She travels to Copenhagen by train every day.

Nina is sixteen years old. She goes to school still. Martin doesn't go to school. He is twenty and is apprenticed to a carpenter.

- **en** and **et** are the two Danish articles for both 'a' and 'an'. They indicate gender (for gender see Unit 2).

- Words indicating a person's nationality, occupation or religion, when standing alone, carry no article:

Han er dansker.	He is a Dane.
Hun er sekretær.	She is a secretary.
Hun er muslim.	She is a Muslim.

Exercise 1

Insert the missing words:

1 Pamela er gift _____ Jørgen.
2 Martins søster _____ Nina.
3 Jørgens to børn taler _____ dansk _____ engelsk.
4 Pamela er _____ dansker.
5 Jørgen arbejder på _____ skole.
6 Pamela rejser _____ København hver dag.
7 Martin _____ tyve år.

Pronunciation practice 1 ■■

'æ', 'ø' and 'å'

If you have the cassettes, now is the time to practise the pronunciation of the letters **æ**, **ø** and **å** in the following words:

æ: **englænder, lærer, sekretær**
ø: **Jørgen, Køge, København, øl, børn, søster, tømrer**
å: **nå, så, også, både, går, år**

Despite the way in which it is spelt, **også** is pronounced as though it were spelt 'osse'.

Language point 1 ▢▢

Stress

The general rule is that Danish words carry the main stress on the first syllable. However, some don't. Practise the pronunciation of the following words, concentrating on getting the stress right. The stressed syllables are the ones just after the apostrophes:

'hedder 'englænder   'lærer sekre'tær
'Køge   'arbejder   tu'rist Køben'havn

Exercise 2

Correct these sentences about yourself. You negate the sentences by inserting **ikke** after the verb:

1 Jeg hedder Ida. **Jeg hedder ikke Ida.**
2 Jeg er 20 år. _____
3 Jeg bor i Japan. _____
4 Jeg er japaner. _____
5 Jeg taler japansk. _____
6 Jeg er sekretær. _____

• While the names of countries start with a capital letter, nationality words do not.

> **Danmark, England, Amerika, Japan**
> **dansker, englænder, amerikaner, japaner**
> **dansk, engelsk, amerikansk, japansk**

Exercise 3

Complete the table below:

Country	Person from the country	Language of the country/nationality
England	_____	_____
_____	dansker	_____
Tyskland	_____	_____
_____	_____	amerikansk

Language point 2

Personal pronouns (personlige stedord) as subjects

Here is a personal subject pronoun: *He* is a teacher.

Singular		Plural	
jeg	I	**vi**	we
du/De	you	**I/De**	you
han	he	**de**	they
hun	she		
den/det	it		

- **De** is formal, and in these days mainly used by the older generations and in business.
- **den** refers to a noun in the common gender, while **det** refers to a neuter gender noun.

Exercise 4

Insert the relevant Danish pronouns:

1 Brian! _____ must learn to behave in class!
2 Don't tease Laura! _____ is not the teacher's pet!
3 Look at the boys over there! _____ are not shouting like you!
4 And don't push Richard away! _____ wants to help you.
5 The head and I, _____ will have to talk to your parents soon.
6 Now all of you, will _____ please keep quiet!

Exercise 5

Write two or three sentences in the same way as the Reading text, about a person you know or know of.

Language point 3

The present tense (Nutid)

Here is a present tense of a verb: Jørgen *lives* in Køge. The vast majority of Danish verbs end in **-r** in the present tense:

jeg taler	I speak	**vi taler**	we speak
du/De taler	you speak	**I/De taler**	you speak
han taler	he speaks	**de taler**	they speak
hun taler	she speaks		
den taler	it speaks		
det taler	it speaks		

- The present tense is normally formed by adding **-r** to the infinitive (i.e. to the form given in the Glossary).
- Whatever the subject, Danish verbs have only one form.
- There is only one present tense. Unlike English, Danish does not distinguish between e.g. 'I speak' and 'I am speaking'.
- The very few truly irregular present tenses are given in the glossary as the first entry in the brackets:

> **have (*har*, havde, haft)**
> **være (*er*, var, været)**

Dialogue 4 ▣▣

Jørgen meets an old friend in a street in Copenhagen.

JØRGEN: Dav Niels!
NIELS: Hej, Jørgen! Hvordan har du det?
JØRGEN: Fint! Hvordan går det med dig?
NIELS: Jeg har det også godt. Bor du her i København nu?
JØRGEN: Nej, jeg bor i Køge.
NIELS: Hvordan har Pamela det?
JØRGEN: Hun har det også fint. Hun arbejder her i København.

JØRGEN: *Hi Niels!*
NIELS: *Hi Jørgen! How are you?*
JØRGEN: *Fine! How are you?*
NIELS: *I am fine too. Do you live in Copenhagen now?*
JØRGEN: *No, I live in Køge.*
NIELS: *How is Pamela?*
JØRGEN: *She is fine too. She works here in Copenhagen.*

Pronunciation practice 2 ■■

Hvem var Søren Kierkegård?
Who was Søren Kierkegaard?

Han var en dansk filosof.
He was a Danish philosopher.

Hvem var Niels Bohr?
Who was Niels Bohr?

Han var en dansk fysiker.
He was a Danish physicist.

Hvem var Karen Blixen?
Who was Karen Blixen?

Hun var en dansk forfatter.
She was a Danish writer.

Hvem var Tycho Brahe?
Who was Tycho Brahe?

Han var en dansk astronom.
He was a Danish astronomer.

Useful phrases 2

How to begin a conversation

Obviously the choice of words and phrases is enormous, but here
are a few of the more common greetings:

Formal/neutral		*Informal*	
Goddag!	Hello! ('Good day')	**Hej!**	Hello! Hi!
Godmorgen!	Good morning!	**Dav(s)**	Hello! Hi!
Godaften!	Good evening!		

- **Godmorgen** will normally not be used after 10 a.m. After that
  you use **Goddag**.
- **Hej** and **Dav(s)** are both used at any time of the day.

Useful phrases 3

Asking and answering 'How are you?'

Hvordan har du det?
How are you (doing)?

Hvordan har Pamela det?
How is Pamela?

(Jeg/hun har det) fint/godt
(I am/she is) fine.

(Jeg/hun har det) ikke så godt.
(I am/she is) not too well.

Hvordan går det?
How are things?

(Det går) godt.
(Things are) fine.

(Det går) ikke så godt.
(Things are) not too good.

- '*How are you*' is not just a rhetorical question in Danish as it often is in English. If people ask that question, they expect an answer to it!

Useful phrases 4

Saying thank you

Tak ('thank you') is found in innumerable combinations. Here are just some of the more common ones:

Tak
Thank you

Mange tak
Many thanks

Tusind tak
'A thousand thanks' (a very common way of saying thank you)

Tak skal du/De have
'Thanks shall you have'

Tak for mad
'Thanks for food' (see more in Unit 9)

An expression widely used to thank somebody who was your host last time you met is:

Tak for sidst
Thanks for last time

And a common reply to somebody thanking you is:

Selv tak = Don't mention it

Useful phrases 5

'Yes, please' and 'no, thank you'

Danes have no direct equivalent to these words, but make widespread use of **tak** instead. And **tak** will be added to **ja** ('yes') as well as to **nej** ('no'):

Ja tak	Yes, please
Nej tak	No, thank you

The latter is often followed by a further:

Ellers tak	Thank you all the same

Exercise 6

Match the phrases:

1 Hvordan har du det?
2 Bor du i London?
3 Hvem er det?
4 Hvad laver han?
5 Har du børn?
6 Hvad hedder du?
7 Tak for mad.

(a) Det er Jørgens søster.
(b) Ja, to.
(c) Sophie.
(d) Jeg har det godt.
(e) Selv tak.
(f) Han er lærer.
(g) Nej, i København.

Dialogue 5 🔲

After a long chat Jørgen is making a move to go home.

JØRGEN: Nå, jeg må hellere komme hjem.
NIELS: Ja. Skulle vi ikke mødes en aften alle fire? Er I på nettet?
JØRGEN: (*Handing Niels his business card*) Ja, her er mit kort med e-mail adresse og det hele.
NIELS: Tak. Jeg mailer dig engang i næste uge. Hav det godt, og hils hjemme.
JØRGEN: Ja tak. Du må også hilse hjemme. Hej med dig!
NIELS: Hej hej!

JØRGEN: *Well, I'd better get home.*
NIELS: *Yes. Shouldn't we meet one evening all four of us. Are you on e-mail?*
JØRGEN: (Handing Niels his business card) *Yes, here's my card with e-mail address and everything.*
NIELS: *Thanks. I'll mail you sometime next week. Take care, and regards to the family.*
JØRGEN: *Thank you. And to yours. See ya!*
NIELS: *Bye!*

Useful phrases 6

How to end a conversation

Again the choice of phrases is enormous, but here are a few:

Formal	Informal	Neutral
Farvel!	**Hej (med dig/jer)!**	**Vi ses!**
Goodbye!	*Bye! See ya!*	*See you!*
Godnat!	**Hej hej!**	**Hav det godt!**
Goodnight!	*Bye!*	*Take care!*
		Hils hjemme.
		Regards to the family.

The informal ways of saying goodbye are becoming more wide-spread.

Certain phrases seem to signal that a conversation is drawing to an end. They too of course vary, but utterances beginning with **Nå, men** . . . are not uncommon:

Nå, men jeg må videre.
Well, I'd better move on.

Nå, men jeg har faktisk travlt . . .
Well, actually, I'm busy . . .

Exercise 7

Below are two boxes, one with numbers and the other with their translation in Danish. Using the English–Danish Glossary at the back of this book, write down the two missing translations:

1	2	3	4	5	6		**otte**	**fire**	**elleve**	**ti**	**femten**
7	8	9	10	11	12		**to**	**nitten**	**ni**	**fem**	**tretten**	**tre**
13	14	15	16	17	18		**sytten**	**seks**	**tyve**	**tolv**	**atten**
19	20						**en**	**fjorten**			

The missing numbers are _____ and _____.

The name for 'nought' or 'zero' is **nul**.

Exercise 8

Rearrange these words into four groups of five words connected by meaning:

er	**går**	**lærer**	**taler**
børn	**han**	**rejser**	**to**
du	**hedder**	**sekretær**	**tolv**
elleve	**hun**	**søster**	**tre**
englænder	**jeg**	**syv**	**vi**

Test yourself

After each chapter you will find a few English sentences with only a very limited vocabulary. Test yourself by translating them:

1 I am English, but I speak Danish.
2 She is not married.
3 He has three children.

2 På arbejde

At work

This deals with:
- Points of the compass
- Asking questions (**Hvad er ... ? Hvor ligger ... ?**)
- Nouns: genders
- Articles in the singular
- Introduction to word order

Dialogue 1 ▢▢

A tourist approaches Pamela at the tourist information office in Copenhagen.

TURISTEN: Hvor bor kongen?
PAMELA: Vi har ingen konge i Danmark. Vi har en dronning.
TURISTEN: Hvad hedder hun?
PAMELA: (Hun hedder) Margrethe.
TURISTEN: Bor hun her i København?
PAMELA: Ja, om vinteren. Om sommeren bor hun i nærheden af Hillerød.
TURISTEN: Hvor ligger Hillerød? Er det her på Sjælland?
PAMELA: Ja, cirka tyve kilometer nord for København.

TOURIST: *Where does the king live?*
PAMELA: *We don't have a king (= We have no king) here in Denmark. We have a queen.*
TOURIST: *What is she called?*
PAMELA: *(She is called) Margrethe.*

TOURIST:	*Does she live here in Copenhagen?*
PAMELA:	*Yes, in the winter. In the summer she lives near (= in the neighbourhood of) Hillerød.*
TOURIST:	*Where is (= lies) Hillerød? Is it on Zealand?*
PAMELA:	*Yes, about twenty kilometres north of Copenhagen.*

Vocabulary

nord	north
syd	south
øst	east
vest	west
mod nord/syd/øst/vest	towards the north/south/east/west
nord/syd/øst/vest for	north/south/east/west of

Useful phrases 1

Questions

'**Hvad er** . . . ?', meaning 'What is . . . ?', will be followed by '**Det er** . . .' when just used to identify something. Gender is irrelevant.

'**Hvor ligger** . . . ?', meaning 'Where lies . . . ?', will be followed by '**Den ligger** . . .' or '**Det ligger** . . .', and here gender is relevant.

However, short answers to the questions are just as normal in Danish as in English (see Exercise 3). Another possible answer might of course be '**Det ved jeg ikke**', meaning 'I don't know' where gender again is irrelevant.

Language point 1

Nouns: genders and articles in the singular

Definite article: *The* woman has a daughter.
Indefinite article: The woman has *a* daughter.

Nouns have two genders in Danish, *common* and *neuter*: **en** is the article for common gender nouns, and **et** is the article for neuter gender nouns.

Common, singular indefinite		Neuter, singular, indefinite	
en by	a town	**et land**	a country
en hovedstad	a capital	**et farvand**	a strait

Common, singular definite		Neuter, singular, definite	
byen	the town	**landet**	the country
hovedstaden	the capital	**farvandet**	the strait

- Note that the difference between the indefinite and the definite form of a noun is not the article itself, but its position in relation to its noun.
- You cannot predict the gender of most nouns, but as 75 per cent of all Danish nouns are common gender, that should be your best bet. In the Danish–English Glossary the gender of a noun will be indicated in this way: **by (-en, . . .)**, **land (-et, . . .)**.
- If the noun already carries an **-e**, only **-n** or **-t** will be added. So **kone (-n, . . .)** (wife) will still have as its indefinite form **en kone**, but the definite one is **konen**.
- It is sometimes necessary to double a consonant in the definite form. It is then indicated like this: **søn (-nen, . . .)**.

Exercise 1

Write down the indefinite and the definite singular forms of the following words:

1 dag (-en, . . .)
3 lærer (-en, . . .)
5 konge (-en, . . .)

2 englænder (-en, . . .)
4 kort (-et, . . .)
6 år (-et, . . .)

Reading text 1 ◼◼

Some very basic Danish geography

Danmark er et land, som består af en halvø og mange øer. Halvøen hedder Jylland, og den ligger mod vest. Den største ø hedder Sjælland, og den ligger mod øst. Øen Fyn ligger mellem Jylland og Sjælland.

Farvandet mellem Fyn og Sjælland hedder Storebælt, og farvandet mellem Fyn og Jylland hedder Lillebælt. Øst for Danmark ligger Østersøen, og vest for Danmark ligger Nordsøen. Hovedstaden i Danmark hedder København, og den ligger på Sjælland. Den største by i Jylland hedder Århus, og den største by på Fyn hedder Odense.

Vocabulary

(From now on the verbs will be given in the infinitive and the nouns in singular indefinite.)

af	of	bestå	consist
by	town	farvand	strait
Fyn	Funen	halvø	peninsular
hovedstad	capital	Jylland	Jutland
land	country	ligge	lie

Lillebælt	the Little Belt	**mellem**	between
mod	towards	**Nordsøen**	the North Sea
Sjælland	Zealand	**som**	that, which
Storebælt	The Great Belt	**største**	biggest, largest
vest	west	**ø(er)**	island(s)
øst	east	**Østersøen**	the Baltic

Note about **i** and **på**:

i Europa	in Europe	**på en ø**	on an island
i Danmark	in Denmark	**på Sjælland**	in/on Zealand
i Jylland	in Jutland	**på Fyn**	in/on Funen

Pronunciation practice 1 🔘

æ: Sjælland, Storebælt, Lillebælt, i nærheden
ø: halvøen, Østersøen, øer, øst, største, Hillerød
å: består, Århus, går, når

Exercise 2

Using the Glossary at the back of this book, translate the following nouns in brackets, remembering to get the gender as well as the form right. Note that the rest of the text is not meant to be translated!

(1 *The woman*) in (2 *the house*) next door to mine is usually out in (3 *the morning*). She cleans for (4 *a teacher*). I don't know what (5 *the man*) in (6 *the house*) does for a living. There are twins in (7 *the family*), (8 *a son*) and (9 *a daughter*). (10 *The daughter*) goes to a private school and is said to hate (11 *the teaching*) there.

The whole family recently went to (12 *an island*) called Fanø for a short break. Unfortunately (13 *the car*) had a puncture near (14 *the town*) of Odense while they were driving across (15 *the island*) of Funen. (16 *The father*) thought it would take only (17 *a moment*) to change (18 *the wheel*), but it turned out to be a full hour's work. (19 *The son*) threatened to take (20 *the train*) home.

Pronunciation practice 2 ⬛

H is silent before *v* and *j*, just as *w* is silent in 'who':

hjem	home	**hjul**	wheel
hvem	who	**hvad**	what
hvordan	how	**hvorfor**	why
hvornår	when	**hver**	every
hvis	whose		

Hvor er bilen?	Where is the car?
Hvor ligger Århus?	Where is (lies) Århus?
Hvor ligger Lillebælt?	Where is (lies) Lillebælt?
Hvor bor du?	Where do you live?
Hvordan er huset?	How is the house?
Hvem er du?	Who are you?
Hvad hedder du?	What is your name?
Hvem er Martins søster?	Who is Martin's sister?
Hvornår kommer Jørgen?	When will Jørgen be coming?
Hvornår er det sommer?	When is it summer?
Hvorfor kommer hun hver aften?	Why does she come every evening?
Hvis bil er det?	Whose car is that?

Exercise 3

Make up short dialogues from these boxes:

Example:

A: **Han er lærer.**   B: **Hvem?**   A: **Jørgen.**

A: *Han er lærer.*	B: **Hvornår?**	A: **Jørgen og Pamela.**
A: **Hillerød ligger på Sjælland.**	B: *Hvem?*	A: **I næste uge.**
A: **Pamela rejser til København hver dag.**	B: **Hvor?**	A: **Hun er kun seksten år.**
	B: **Hvorfor?**	A: **Med toget.**
A: **De har to børn.**	B: **Hvem?**	A: **Cirka tyve kilometer fra København.**
A: **Vi skal mødes en aften.**	B: **Hvordan?**	A: *Jørgen.*
A: **Nina går i skole endnu.**		

Dialogue 2 ▣

Another tourist approaches Pamela at the tourist office.

PAMELA: Kan jeg hjælpe?
TURISTEN: Ja tak. Vi har to dage i København. Hvad skal vi se?
PAMELA: Har De været i København før?
TURISTEN: Nej, aldrig.
PAMELA: Har De været i Danmark før?
TURISTEN: Ja, en gang. Men vi var kun i Jylland.
PAMELA: Hvad er De interesseret i?
TURISTEN: Vi vil gerne se København og handle lidt.

PAMELA: *Can I help?*
THE TOURIST: *Yes please. We have two days in Copenhagen. What shall we see?*
PAMELA: *Have you been to Copenhagen before?*
THE TOURIST: *No, never.*
PAMELA: *Have you been to Denmark before?*
THE TOURIST: *Yes, once. But we were only in Jutland.*
PAMELA: *What are you interested in?*
THE TOURIST: *We'd like to see Copenhagen and shop a little.*

Exercise 4

Look at the map on page 16 and match the questions to the right answers:

Example: **Hvad er Jylland?** **en halvø.**

1 Hvad er Sjælland?   (a) En by
2 Hvad er Øresund?   (b) Hovedstaden i Frankrig
3 Hvad er Roskilde?   (c) Mellem Jylland og Fyn
4 Hvad er Paris?   (d) Nord for Silkeborg
5 Hvor ligger Viborg?   (e) Vest for Odense
6 Hvor ligger Lillebælt?   (f) Syd for Varde
7 Hvad hedder hovedstaden   (g) Rom
  i Italien?
8 Hvor ligger Esbjerg?   (h) Et sund
9 Hvor ligger Middelfart?   (i) En ø
10 Hvor ligger Sverige?   (j) Øst for Danmark

Exercise 5

Find the odd word out in each line:

1 tysker, englænder, engelsk, dansker
2 gå, oversætte, skole, hilse
3 han, vi, taler, jeg
4 land, syv, ø, by
5 datter, søn, lærer, dag

Reading text 2 ▣

A medium-sized town in Denmark

Køge er en smuk gammel by. Den ligger 38 kilometer syd for København. Der kommer mange turister til Køge. De fleste kommer fra Tyskland og England, men der kommer også mange fra Polen og de baltiske lande. Der er også mange tyrkere i Køge, men de er ikke turister. De bor og arbejder i byen, og deres børn går i dansk skole og taler dansk.

Vocabulary

baltiske	Baltic
deres	their(s)
fleste	most
gå i skole	go to school
Polen	Poland
smuk	beautiful
turister	tourists
tyrkere	Turks

Language point 2

Word order 1

Word order in simple sentences is as in English: the subject first and then the verb:

Jeg bor her.	I live here.
Pamela taler dansk.	Pamela speaks Danish.

In sentences beginning with **hvem** ('who'), **hvor** ('where'), **hvordan** ('how'), **hvorfor** ('why') and **hvornår** ('when') the subject and the verb are inverted:

Hvor bor du?
Where *do you live*?

Hvad laver du?
What *do you do*?

Hvorfor kom hun?
Why *did she come*?

- Inversion is all that is needed. Danes do not use an equivalent of 'to do' in such cases.

On the whole, subject and verb will always invert whenever the subject is not the first word or the first group of words in the main sentence:

Her bor jeg.
I live here ('Here live I').

I går regnede det.
Yesterday it rained ('Yesterday rained it').

Mens vi er i København, vil vi gerne handle lidt.
While we are in Copenhagen, we would like to shop a little.

- In the last example the inversion is caused by a subsidiary clause.
- It is also worth mentioning that Danes are more inclined to move adverbs or adverbial phrases to the front without particularly wanting to stress them.

To make it easier to visualize the language pattern from now on, we have put the above rules into a table:

F (for front)	v (for verb)	n (for subject)	Other
Her	**bor**	**jeg**	–
I går	**regnede**	**det**	–
Mens vi er i København,	**vil**	**vi**	**gerne handle lidt**

In the simple sentence the subject itself occupies the front, leaving its own column empty:

F	v	n	Other
Jeg	**bor**	–	**her**
Pamela	**taler**	–	**dansk**

Exercise 6

Move the underlined word or phrase to the front, rearranging the sentences as necessary.

1 Martins søster står <u>derovre</u>.
2 Jeg bor i København <u>nu</u>.
3 Vi har en dronning <u>her i Danmark</u>.
4 Fyn og Sjælland ligger <u>øst for Jylland</u>.
5 Vi har mange turister <u>her i Køge</u>.
6 Det regner <u>i Jylland</u>.

Exercise 7

Match the sentence parts.

1 Toget
2 Martin
3 Der er en e-mail adresse
4 Martins søster
5 Lillebælt ligger
6 Mange turister i Danmark
7 Pamela kommer

(a) på Jørgens kort
(b) er tyskere
(c) kører til København
(d) fra England
(e) hedder Nina
(f) mellem Fyn og Jylland
(g) er Jørgens søn

Test yourself

1 Who are you? What does Denmark consist of?
2 The house is in Køge. The town is on Zealand.
3 Where is Strøby? I don't know.

3 Hvad koster det?

What does it cost?

This unit deals with:

- Numbers above twenty
- Danish money
- The plural of nouns
- Words and phrases for shopping
- Yes/no questions and the use of **nej**, **ja** and **jo**

Dialogue 1 💿

An American tourist walks into a Danish bank.

TURISTEN:	Kan jeg veksle nogle amerikanske dollars her?
BANKASSISTENTEN:	Ja, hvor mange?
TURISTEN:	To hundrede.
BANKASSISTENTEN:	Det er i orden.
TURISTEN:	Hvad er kursen i dag?
BANKASSISTENTEN:	Det ved jeg ikke. Nu skal jeg se.

TOURIST:	*Can I change some American dollars here?*
BANK CLERK:	*Yes, how many?*
TOURIST:	*Two hundred.*
BANK CLERK:	*Yes, that's OK.*
TOURIST:	*What is the exchange rate today?*
BANK CLERK:	*I don't know. I'll have a look.*

Dialogue 2 ▢▢

Another tourist in a bank.

TURISTEN: Kan jeg indløse en rejsecheck?
BANKASSISTENTEN: Ja, har De Deres pas med?
TURISTEN: Nej, desværre.
BANKASSISTENTEN: Deres kørekort?
TURISTEN: Lad mig se. – Ja, her er mit kørekort.
BANKASSISTENTEN: Godt. Vil De skrive under her?
TURISTEN: Ja. – Værsgo.

TOURIST: *Can I cash a traveller's cheque?*
BANK CLERK: *Yes, have you got your passport with you?*
TOURIST: *No, I'm afraid not.*
BANK CLERK: *Your driving licence?*
TOURIST: *Let me see. Yes, here is my driving licence.*
BANK CLERK: *Fine. Would you sign here, please?*
TOURIST: *Yes. – There you are.*

Extend your vocabulary 1 ▢▢

Danish numbers above twenty

20	**tyve**	21	**enogtyve** (one and twenty)
30	**tredive**	22	**toogtyve** (two and twenty)
40	**fyrre**	23	**treogtyve** (three and twenty)
50	**halvtreds**		
60	**tres**	38	**otteogtrede** (eight and thirty)
70	**halvfjerds**	49	**niogfyrre** (nine and forty)
80	**firs**		
90	**halvfems**	200	**to hundrede**
100	**(et) hundrede**	3000	**tre tusind(e)**
1000	**(et) tusind(e)**		

en and **et** – meaning 'one' – are the same as the indefinite article and the only number to be affected by gender.

Extend your vocabulary 2

Danish money

Denmark voted not to join the Euro, so it retained its old coins (**mønter**) and notes (**sedler**). The monetary unit is **1 krone = 100 øre**. The coins are:

25 øre, 50 øre, 1 krone, 2 kroner, 5 kroner, 10 kroner, 20 kroner

The notes are:

50 kroner, 100 kroner, 200 kroner, 500 kroner, 1000 kroner

penge ('money') is plural:

mange penge   much money (lit: many moneys)

Useful phrases 1

Tager I imod kort?
Do you accept cards?

Kan jeg betale med Visa/American Express?
Can I pay with Visa/American Express?

Jeg har desværre ingen kontanter.
I'm sorry I haven't got any cash.

Hvor kan jeg trække nogle kontanter?
Where can I withdraw some cash?

Kan du give tilbage?
Have you got change?

Kan du give tilbage på 200 kroner?
Have you got change for 200 kroner?

Exercise 1

What are the following numbers?

1 femogtres
2 syvogfirs
3 otteogfyrre
4 seksogtyve
5 enogtredive
6 nioghalvtreds
7 fireoghalvfems
8 tooghalvfjerds

Dialogue 3 🔲

Pamela and Nina in the vegetable section of a supermarket.

PAMELA: Hvor er bananerne?
NINA: (De er) her.
PAMELA: Hvad koster de i dag?
NINA: Fem for tyve kroner.
PAMELA: Vi skal også huske nogle æbler. Og kartoflerne og gulerødderne.

NINA: Ja, og løg.
PAMELA: Kan du se nogen valnødder?
NINA: Nej, ikke her.

PAMELA: *Where are the bananas?*
NINA: *(They are) here.*
PAMELA: *How much are they today?*
NINA: *Five for twenty kroner.*
PAMELA: *We must also remember some apples. And the potatoes and the carrots.*
NINA: *Yes, and onions.*
PAMELA: *Can you see any walnuts?*
NINA: *No, not here.*

Language point 1

Nouns, the plural indefinite

Here are two nouns in the plural indefinite: There are *apples* and *pears* on the shelf.

Most Danish nouns add **-e**, **-r** or **-er** to construct the plural indefinite. However, a fair number do not follow the rule. But help is at hand. Do you remember the first entry in the brackets informed you about gender? To find the plural, the second entry is what you should look for:

	Singular definite	*Plural indefinite*
dag (-en, -e) day	**dagen**	**dage**
æble (-t, -r) apple	**æblet**	**æbler**
banan (-en, -er) banana	**bananen**	**bananer**
valnød (-den, -der) walnut	**valnødden**	**valnødder**
løg (-et, –)* onion	**løget**	**løg**
gulerod (-en, gulerødder)* carrot	**guleroden**	**gulerødder**

* The single dash shows that the plural form is the same as the singular.
** If the plural is irregular, it is written as here in its entirety.

Language point 2

Nouns, the plural definite

Here is a noun in the plural definite: *The pears* are very expensive.

The definite article in the plural is **-ne** or **-ene**, and as was the case with the definite singular form, the article is added to the noun itself and does not – as in English – appear as an article on its own before the noun. As the **-ne** ending is by far the most common, this is never mentioned in the Glossary. It is only when you should use **-ene**, that you are told about it.

	Plural indefinite	*Plural definite*
dag (-en, -e) day	**dage** days	**dagene** the days
æble (-t, -r) apple	**æbler** apples	**æblerne** the apples
banan (-en, -er) banana	**bananer** bananas	**bananerne** the bananas
valnød (-den, -der) walnut	**valnødder** walnuts	**valnødderne** the walnuts
løg (-et, –, -ene) onion	**løg** onions	**løgene** the onions
barn (-et, børn, -ene) child	**børn** children	**børnene** the children
gulerod (-en, gulerødder) carrot	**gulerødder** carrots	**gulerødderne** the carrots

Exercise 2

Write down the Danish translation of the words in brackets. Make sure you use the right gender and number:

I like (1 *grapes*), but (2 *the grapes*) you can buy just now are so expensive. I'll have to make do with (3 *apples*), (4 *pears*) and (5 *bananas*). But then I must say, (6 *a banana*) I bought yesterday was not worth eating!

(7 *The children*) in my (8 *family*) are all very fond of (9 *animals*), so they've got (10 *a cat*), (11 *a dog*) and some (12 *fish*). (13 *The cat*) takes care of (14 *the mice*) in (15 *the cellar*).

Exercise 3

Translate the words in brackets:

1 (Five of the teachers) er gift.
2 (One of the tourists) taler dansk.
3 (One of the children) er en pige.
4 Jørgen kender (four of the families).
5 Vil du veksle (two of the cheques)?

Dialogue 4 ▢▢

Pamela is at the fishmonger's (hos fiskehandleren).

FISKEHANDLEREN:	Hvad skulle det være?
PAMELA:	Jeg vil gerne have nogle torskefileter.
FISKEHANDLEREN:	Desværre. De er udsolgt. Jeg har lige solgt de sidste.
PAMELA:	Har du nogen makreller?
FISKEHANDLEREN:	Nej, de er også væk. Men jeg har nogle dejlige store rødspætter.
PAMELA:	Hvad koster de?
FISKEHANDLEREN:	Cirka tyve kroner stykket.
PAMELA:	Lad mig få fire.
FISKEHANDLEREN:	Var der noget andet?
PAMELA:	Nej tak. Det var det hele i dag.
FISHMONGER:	*What would you like?*
PAMELA:	*Could I have some fillets of cod, please?*

FISHMONGER:	*I'm sorry. They are sold out. I've just sold the last ones.*
PAMELA:	*Have you any mackerel?*
FISHMONGER:	*No, we're out of them, too. But I have some lovely big plaice.*
PAMELA:	*How much are they?*
FISHMONGER:	*About twenty kroner each.*
PAMELA:	*Give me four of them, please.*
FISHMONGER:	*(Was there) anything else?*
PAMELA:	*No, thank you. That was all for today.*

Extend your vocabulary 3

More words and phrases for shopping.

to kilo kartofler/æbler ...	two kilos of potatoes/apples ...
8 kroner kiloet	8 kroner a kilo
Det er for dyrt.	It is too expensive.
Den er for stor/lille.	It is too big/small.
Er den frisk?	Is it fresh?

Note how the word 'kilo' is used:

et kilo æbler	one kilo of apples
to kilo æbler	two kilos of apples

Exercise 4

Make up this dialogue between yourself and a greengrocer (**en grønthandler**):

You ask how much a kilo of apples is.

The greengrocer says they are 18 kroner a kilo.

You say you would like two kilos.

The greengrocer says he has figs today.

You ask how much they are.

The greengrocer says that they are 4 kroner a piece or three for 10 kroner.

You say you would like three.

The greengrocer asks if there was anything else.

You say no thank you, and having paid him you say goodbye.

Dialogue 5 ▣

Pamela is talking to a colleague.

PAMELA: Går du aldrig i teatret?
KOLLEGAEN: Jo, jeg elsker opera.
PAMELA: Synger du også selv?
KOLLEGAEN: Nej, men min far er operasanger.
PAMELA: Er han? Her i København?
KOLLEGAEN: Ja, på Det Kongelige Teater. Vidste du ikke det?

PAMELA: *Do you often go to the theatre?*
COLLEAGUE: *Yes, I love opera.*
PAMELA: *Do you also sing yourself?*
COLLEAGUE: *No, but my father is an opera singer.*
PAMELA: *Is he? Here in Copenhagen?*
COLLEAGUE: *Yes, at the Royal Theatre. Didn't you know that?*

Language point 3

Yes/no questions

Questions that will only need 'yes' or 'no' for an answer are formed simply by swapping around (inverting) the verb and the subject, leaving the first column empty, as shown below. Look at the four following questions:

Går du aldrig i teatret?	Do you never go to the theatre?
Synger du selv?	Do you sing yourself?
Er han?	Is he?
Vidste du ikke det?	Didn't you know that?

Here they are in the scheme:

F	v	n	a (adverbial)	Others	Answers
–	**Går**	**du**	**aldrig**	**i teatret?**	**Jo/nej**
–	**Synger**	**du**	–	**selv?**	**Ja/nej**
–	**Er**	**han?**	–	–	**Ja/nej**
–	**Vidste**	**du**	**ikke**	**det?**	**Jo/nej**

- If there is a negative element in the question (as here with **aldrig** and **ikke**) the way to say yes is not using **Ja**, but **Jo**.
- Remember that the form of the verb does not change. Questions are made only by inverting the subject and the verb.

Exercise 5

Write questions suitable for the following answers, trying to make some of the questions negative:

1 Nej, vi bor i Køge.
2 Nej, hun taler engelsk.
3 Nej, Århus ligger i Jylland.
4 Nej, han hedder Jørgen.
5 Nej, jeg arbejder i København.

Reading text 〇〇

Pamela's shopping habits

Pamela handler kun om lørdagen. Hun kan lide at købe ind til en hel uge. Hun tager bilen og parkerer midt i byen. Så går hun hen på Torvet. Her trækker hun først nogle penge i banken. Det er altid godt at have kontanter. Så går hun i Brugsen og køber mad. Her bruger hun sit Dankort. Hun bruger også sit Dankort hos bageren.

Om lørdagen er det torvedag på Torvet i Køge. Her køber Pamela grøntsager og ost. Hun bruger kun kontanter, når hun handler på Torvet.

Jørgen er ikke glad for at handle i byen, men han sidder gerne hjemme og handler på internettet.

Vocabulary

altid	always	**bager**	baker
bank	bank	**bruge**	use
Brugsen	the Co-op	**Dankort**	Dan-card (the
fisk	fish		Danish debit card)
først	first	**grøntsager**	vegetables
hen	over	**internet**	Internet
kontanter	cash	**købe**	buy
købe ind	to shop	**mest**	most
midt i/på	in the middle of	**nogle**	some

om lørdagen	on Saturdays	**ost**	cheese
parkere	(to) park	**sidde**	sit
sit	his/her/its	**torvedag**	market day
Torvet	the marketplace, the town square	**trække**	draw

Exercise 6

Answer the following questions, using **ja**, **jo** or **nej**:

1 Handler Pamela aldrig om lørdagen?
2 Parkerer hun bilen på Torvet?
3 Bruger hun kontanter hos bageren?
4 Køber hun aldrig ost på Torvet?
5 Trækker hun penge i banken?
6 Handler Jørgen aldrig?

Exercise 7

Match the answers to the questions:

1 Hvor er bilen?
2 Hvor mange penge har du?
3 Kan jeg bruge kort her?
4 Hvor gammel er han?
5 Har du nogen kontanter?
6 Er han ikke gift?
7 Vil du handle i dag?

(a) Tyve år.
(b) Nej, i morgen.
(c) Ja, men kun dollars.
(d) Den er parkeret på Torvet.
(e) Jo, med min søster.
(f) Hundrede kroner.
(g) Ja, men kun Visa.

Pronunciation practice 🔲

Hvad koster æblerne?
Hvad koster kartoflerne?
Jeg vil gerne have tre bananer.
Jeg vil gerne have et kilo gulerødder.
Kan jeg ikke betale med Visa?
Jeg har ikke noget Dankort.

Test yourself

1 He has three cars.
2 What do the bananas cost?
3 Do you shop via the Internet?

4 Hvad dag er det i dag?

What day is it today?

This unit deals with:

- Ordinal numbers (first, second, third . . .)
- Names of days and months
- Dates and festive seasons
- The past tense and the past participle
- Words and phrases for expressing good wishes

Dialogue 1 ⬛⬛

Pamela rings Jørgen's brother Peter, who lives in Germany.

PETER: Peter Nielsen.
PAMELA: Hej Peter! Det er mig. Pamela.
PETER: Ja, det kan jeg høre. Noget nyt?
PAMELA: Ja, jeg har lige fået en ide. Har I ikke lyst til at holde påske i Køge i år?
PETER: Jo, det lyder hyggeligt. Forresten, hvornår er det påske i år?
PAMELA: Påskedag er den fireogtyvende marts.
PETER: Så tidligt? Jeg troede, det var i begyndelsen af april.
PAMELA: Nej, jeg har lige set i kalenderen.

PETER: *Peter Nielsen.*
PAMELA: *Hi Peter! It's me. Pamela.*
PETER: *Yes, I can hear that. Anything new?*
PAMELA: *Yes, I've just had an idea. What about spending Easter in Køge this year?*
PETER: *Yes, that sounds nice. By the way, when is Easter this year?*

PAMELA: *Easter Sunday is the twenty-fourth of March.*
PETER: *So early? I thought it was at the beginning of April.*
PAMELA: *No, I have just looked at the calendar.*

Extend your vocabulary 1

Ordinal numbers

Here is an ordinal number: Today is *the fourth* of April.

Apart from the numbers from 1 to 6, and 11 and 12, the Danish ordinal numbers are the cardinal numbers up to 20 with **-nde** or **-ende** added.

	Cardinal number	*Ordinal number*
1	**en/et**	**første**
2	**to**	**anden**
3	**tre**	**tredje**
4	**fire**	**fjerde**
5	**fem**	**femte**
6	**seks**	**sjette**
7	**syv**	**syvende**
8	**otte**	**ottende**
9	**ni**	**niende**
10	**ti**	**tiende**
11	**elleve/elve**	**ellevte/elvte**
12	**tolv**	**tolvte**
18	**atten**	**attende**
20	**tyve**	**tyvende**

Exercise 1

Below you will find the first twenty ordinal numbers. Knowing the numbers as you do, can you put them in the correct order?

fjerde	attende	syvende	trettende
niende	første	tyvende	ellevte
sjette	tredje	femtende	tolvte
fjortende	tiende	femte	anden
syttende	sekstende	ottende	nittende

Extend your vocabulary 2

Days, months and festive seasons of the year

The days of the week are (**Ugens dage hedder**):

mandag, tirsdag, onsdag, torsdag, fredag, lørdag, søndag

The months are (**Månederne hedder**):

januar, februar, marts, april, maj, juni, juli, august, september, oktober, november, december

Den fjortende marts or **den 14. marts**
The fourteenth of March

Den ottende maj or **den 8. maj**
The eighth of May

Den femogtyvende juli or **den 25. juli**
The twenty-fifth of July

The festive seasons of the year are (**Årets højtider hedder**):

nytår	New Year
nytårsdag	New Year's Day
nytårsaften	New Year's Evening
jul	Christmas
juleaften	Christmas Eve
juledag	Christmas Day
2. juledag	Boxing Day
påske	Easter
pinse	Whitsun

Capital letters are not used for days, months or festive seasons. We have included **juleaften** here, as that is the Danish children's Christmas, the time when the Christmas tree is lit and the Christmas presents are opened.

Exercise 2

Complete these sentences by filling in the appropriate month:

1 Før (before) februar kommer _____
2 Efter (after) april kommer _____
3 Det er altid jul i _____

4 Det er altid nytårsdag i _____
5 Det er næsten (nearly) altid (always) påske i _____
6 Det er næsten altid pinse i _____
7 Jeg har sommerferie i _____
8 Thanksgiving-dag i Amerika er i _____

Dialogue 2 🔲

Pamela tells Jørgen about a friend's good luck.

PAMELA: Har du hørt om Søren?
JØRGEN: Nej, hvad med ham?
PAMELA: Han har vundet en bil.
JØRGEN: Det kan ikke passe! Hvem har fortalt dig det?
PAMELA: Else.
JØRGEN: Og hvor har hun hørt det fra?
PAMELA: Søren havde ringet til hende. Han var i den syvende himmel.

PAMELA: *Have you heard about Søren?*
JØRGEN: *No, what about him?*
PAMELA: *He has won a car.*
JØRGEN: *That can't be true! Who has told you (that)?*
PAMELA: *Else.*
JØRGEN: *And where has she heard it from?*
PAMELA: *Søren had rung her. He was on cloud nine (lit: in the seventh sky).*

Language point

The past tense, the past participle and the present perfect

This is a past tense: Søren *was* on cloud nine.
This is a past participle: He has *won* a car.
This is a present perfect: He *has won* a car.

Danish verbs can be divided into three groups, of which two can be classed as regular, while the third group consists of irregular verbs.

To form the past tense of *Group 1* – the largest group of the regular verbs – you add **-de** to the infinitive, and to form the past participle you just add **-t**. Verbs belonging to this group will not have their past tense and past participle specified in the Glossary.

Infinitive	Past tense	Past participle
koste (cost)	**kostede**	**kostet**
regne (rain)	**regnede**	**regnet**

- If by any chance confusion regarding word group is possible in this group, verbs will appear with **(vb)** attached:

  arbejde (vb) (work) (vb) means: This is a verb.
  arbejde (-t, -r) (work) The contents of the brackets tells you that this is a noun.

Group 2 is a group of regular verbs as well, but they inflect slightly differently. As it is usual for the official Danish spelling dictionaries these days to show the past and the past participles of the verbs in this group, we follow the custom and write their past tense and their past participle in brackets after the infinitive:

Infinitive	Past tense	Past participle
høre (hørte, hørt) (hear)	**hørte**	**hørt**
betale (betalte, betalt) (pay)	**betalte**	**betalt**

Group 3 is the irregular group, and as was the pattern with Group 2, the past tense and the past participle are given in brackets after the infinitive:

Infinitive	Past tense	Past participle
sige (sagde, sagt) (say)	**sagde**	**sagt**
komme (kom, kommet) (come)	**kom**	**kommet**
vinde (vandt, vundet) (win)	**vandt**	**vundet**

A very small group among the irregular verbs have an irregular present as well. Where that is the case, the present tense is indicated in the brackets as the first entry, followed by forms for the past and the past participle.

Infinitive	Present	Past tense	Past participle
være (er, var, været) (be)	**er**	**var**	**været**
have (har, havde, haft) (have)	**har**	**havde**	**haft**

The past participle forms part of two other tenses: the present perfect and the past perfect:

The present perfect:

> **Hvem har fortalt dig det?**
> Who has told you?

The past perfect:

> **Søren havde ringet til hende.**
> Søren had phoned her.

More about those two tenses in Unit 5.

Exercise 3

Here are some of the regular verbs from Group 1 that you have dealt with up to now. Can you write down their past tenses and their past participles?

> **arbejde**
> **handle**
> **huske**
> **lave**
> **parkere**
> **veksle**

Exercise 4

And here are some verbs with an irregular past form. Match them with their past forms written in the box below:

1 give _____
2 gå _____
3 hjælpe _____
4 kunne _____
5 ligge _____

6 måtte _____
7 skrive _____
8 skulle _____
9 tage _____

| måtte | gav | hjalp | gik | lå | skrev | kunne | tog | skulle |

Exercise 5

Turn the statements below into questions, using the past tense of the verb, **ikke** and **i går** as shown in the example:

Example: **Jeg skal hjælpe Nina i dag.**
Hjalp du ikke Nina i går?

1 Jeg skal købe bananer i dag.
2 Jeg skal betale bageren i dag.
3 Jeg skal hente kørekortet i dag.
4 Jeg skal indløse checken i dag.
5 Jeg skal veksle pengene i dag.
6 Jeg skal tale med Ninas lærer i dag.

Dialogue 3 🔊

Knud, Martin's friend, is talking to Martin about party plans for Martin, who unfortunately seems to have other commitments.

KNUD: Jeg vil sørme ha' en ordentlig fest på min fødselsdag i år!

MARTIN: Hvornår er det, det er din fødselsdag? Engang i maj, ikke?

KNUD: Jo, den syvende maj.

MARTIN: Åh nej! Ikke den syvende!

KNUD: Hvorfor?

MARTIN: Det er lige den dag, min farmor og farfar har guld-bryllup.

KNUD: Skal de holde den?

MARTIN: Ja, de talte netop om det i går. Det er en lørdag, og de skal have stor fest.

KNUD: *I'm jolly well going to have a proper party on my birthday this year!*

MARTIN: *When is it your birthday? Some time in May, isn't it?*

KNUD: *Yes, the seventh of May.*

MARTIN: *Oh no! Not the seventh!*

KNUD: *Why?*

MARTIN: *That's the very day my grandmother and grandfather have their golden wedding.*

KNUD: *Are they going to celebrate it?*

MARTIN: *Yes, they were talking about it only yesterday. It's a Saturday, and they're going to have a big party.*

A couple celebrating their silver anniversary

The Danes are fond of family parties to celebrate major turning points in their lives such as a wedding (**et bryllup**), a silver wedding (**et sølvbryllup**) and a golden wedding (**et guldbryllup**), and also a major birthday (referred to as 'a round birthday' – **en rund fødsels-dag**), i.e. 50, 60 and so on. The 21st birthday is not an important occasion in Denmark. Traditionally, confirmation (**konfirmation**) at about the age of 14 is another event often celebrated with a party, whether or not a family is particularly religious. Historically, confirmation in Denmark meant that the young person was now admitted to the ranks of the grown-ups, and that tradition persists. '**Sørme**' is a mild expletive and is not felt to be a swearword.

Exercise 6

Insert these verbs in the sentences below:

betalte   boede   hilste   holdt   købte   kostede   talte

1 Vi _____ i Oxford, da (*when*) jeg var 8 år.
2 Jeg _____ grøntsager, da jeg var på torvet.
3 Jeg _____ på Knud, da jeg var i byen.
4 Jeg _____ med Louise i toget.
5 Rødspætterne _____ tyve kroner stykket.
6 Jørgen og Pamela _____ deres bryllup i Oxford.
7 Pamela _____ bageren med sit Dankort.

Extend your vocabulary 3

Words and phrases for expressing good wishes

Glædelig jul!	Happy Christmas!
Godt nytår!	Happy New Year!
God tur!	Have a nice trip!
God ferie!	Have a nice holiday!
God weekend!	Have a nice weekend!
Ha' en god dag!	Have a nice day!
Tillykke!	Many happy returns!

Tillykke med fødselsdagen!
Happy birthday!

Tillykke med jeres bryllup!
Congratulations on your wedding!

Tillykke på bryllupsdagen!
Congratulations on your wedding anniversary!

Hun ønskede mig en god fødselsdag.
She wished me a happy birthday.

Exercise 7

Complete the sentences with **Jeg havde lyst til** . . . (I felt like . . .):

1 Jeg tog til København.   Jeg havde lyst til at tage til
                             København.

2 Jeg købte nogle æbler.   _____
3 Jeg fortalte det til Jørgen. _____
4 Jeg holdt en stor fest.   _____
5 Jeg gav UNICEF nogle penge. _____
6 Jeg rejste hjem.   _____
7 Jeg ringede til mor.   _____
8 Jeg ønskede ham tillykke.   _____

Reading text ▣

Stakkels mig! (Poor me!)

(Entry from Nina's diary, written on Christmas Day)

Jeg synes, jeg er født under en uheldig stjerne, selv om mor synes det er fint at være født juleaften. Men det er nu en kedelig dag at have fødselsdag. Jeg kan aldrig holde en ordentlig fest, og jeg får kun gaver den ene dag om året – og så kun én gave og ikke to!

I går græd jeg, da farmor og farfar var her. De sagde 'Glædelig jul' til os alle, men glemte helt at sige 'tillykke med fødselsdagen' til mig. Martin har fødselsdag om sommeren, og både mors og fars fødselsdage ligger i september. Det ville være så dejligt, hvis jeg havde en dag om året, der var 'min dag'.

Vocabulary

én	a single one	**født**	born
gave	present	**glemme**	forget
græde	cry, weep	**hvis**	if
julegave	Christmas present	**kedelig**	sad
mor	mum	**om sommeren**	in the summer
os	us	**sige**	say
stjerne	star	**synes**	think
uheldig	unlucky		

Anden, andet and **andre** all mean 'other'. They follow the gender and the number of the nouns to which they are attached:

> **en anden dag**   another day
> **et andet hus**   another house
> **andre mennesker**   other people

Min – like **mit** and **mine** – means 'my'. See more in Unit 7.

Exercise 8

Rigtigt eller forkert? (True or false?):

1 Nina er født under en heldig stjerne.
2 Nina er født juleaften.
3 Nina får gaver to gange om året.
4 Farmor og farfar græd.
5 Pamela har fødselsdag i september.

Exercise 9

Choose the relevant answer to the questions:

1 Hvem er det derovre?
   (a) Det er Jørgen. (b) Jeg hedder Hans. (c) Vi har to børn.

2 Tak skal du have!
   (a) Goddag. (b) Ja, to. (c) Selv tak!

3 Hvordan går det?
   (a) Ellers tak. (b) Vi har det godt. (c) Han kommer nu.

4 Hils hjemme!
   (a) Hun har det godt. (b) I aften. (c) Tak, i lige måde.

5 Hvor skal du hen?
    (a) Ja, en gang. (b) Nej, aldrig. (c) Til Sverige.

6 Hvor mange dollars har du?
    (a) Den femte. (b) Hundrede. (c) Tyve kroner stykket.

7 Det er min fødselsdag i morgen.
    (a) Godmorgen! (b) Godt nytår! (c) Tillykke!

Test yourself

1 It is my birthday on the eighth of June.
2 It is nearly always Whitsun in May.
3 She parked the car in the garden.
4 I have never met the queen.

5 Telefonen ringer!
The phone is ringing!

This unit deals with:

- Talking on the phone
- Talking about the past, using the present perfect tense
- More about word order
- Time expressions
- Apologizing

Dialogue 1

The phone rings and Pamela answers it.

PAMELA:	Pamela Nielsen.
STEMMEN I TELEFONEN:	Må jeg tale med Anders?
PAMELA:	Anders? Der er ingen, der hedder Anders her! Hvem taler jeg med?
STEMMEN I TELEFONEN:	Det er Svend. Er det ikke hos Kristian Holm?
PAMELA:	Nej. Du har fået forkert nummer.
STEMMEN I TELEFONEN:	Det må De undskylde.
PAMELA:	*Pamela Nielsen*
THE VOICE ON THE TELEPHONE:	*Could I speak to Anders, please?*
PAMELA:	*There's no one called Anders here. Who's speaking?*

THE VOICE ON
   THE TELEPHONE: *It's Svend. Isn't that Kristian Holm's house?*
PAMELA: *No. You've got the wrong number.*
THE VOICE ON
   THE TELEPHONE: *Sorry.*

Dialogue 2

Jørgen's brother Peter rings. Pamela answers the phone.

PAMELA: Pamela Nielsen.
PETER: Hallo Pamela! Det er bare mig, Peter. Hvordan har I det?
PAMELA: Fint. Hvad med jer?
PETER: Jeg er lidt forkølet, men ellers har vi det godt. Kunne jeg lige tale med Jørgen? Er han i nærheden?
PAMELA: Nej, han er ikke kommet hjem endnu.
PETER: Nå, så må det vente. Jeg ringer igen senere.
PAMELA: Skal jeg ikke bede ham ringe til dig?
PETER: Nej, jeg har lidt travlt lige nu. Jeg er på arbejde. Du kan bare hilse ham fra mig.
PAMELA: OK. Du hilser også Karin, ikke?

PAMELA: *Pamela Nielsen.*
PETER: *Hello Pamela! It's only me, Peter. How are you?*
PAMELA: *Fine. What about you?*

PETER: *I have got a bit of a cold. But apart from that we are all*
           right. Could I just have a word with Jørgen? Is he there?
PAMELA: *No, he hasn't come home yet.*
PETER: *Oh well, then it must wait. I'll ring again later.*
PAMELA: *Shall I ask him to ring you?*
PETER: *No, I'm rather busy just now. I'm at work. Just give him*
           my love/regards.
PAMELA: *OK. And love to Karin, too.*

Useful phrases 1

Useful phrases for telephone conversations

Hallo!   Hello!
Må jeg tale med Martin?   Could I speak to Martin?
Det er mig.   Speaking.

Hvem taler jeg med?
Who's calling? Or Who am I speaking to?

Er John hjemme?
Is John at home?

Nummeret er optaget.
The number is engaged.

Skal jeg bede Anna ringe (tilbage)?
Shall I ask Anna to ring (back)?

Kan jeg give ham (en) besked?
Can I give him a message?

Vil De/du vente?
Will you hang on?

Lige et øjeblik!
Just a moment!

De/du har fået forkert nummer.
You've got the wrong number.

Det kaldte nummer er optaget.
The number you've called is engaged.

The person answering the phone may

(a) give her/his own name;
(b) give the name of the office/shop, etc.;
(c) give the number of the phone, and Danes normally give numbers in pairs:

58 65 46 02 = Otteoghalvtreds femogtres seksogfyrre nul-to

Sometimes you'll be answered by an automatic answering machine perhaps as follows:

Tak fordi De ringede til Nordsøruten.
Thank you for calling Nordsøruten.

Hvis De ønsker at bestille en billet, tryk 1.
If you wish to book a ticket, press 1.

Hvis De ønsker besked om ankomster og afgange i dag, tryk 2.
If you want information on arrivals and departures today, press 2.

Hvis De ønsker personlig betjening, tryk 3.
If you want to speak to a member of staff, press 3.

Exercise 1

You are sharing a flat with a friend called Tim. Tim is out, and the phone rings. Construct the dialogue.

You lift the receiver and say your name.

The caller asks if he can talk to Tim.

You say that he is not at home.

The caller asks when he will be back.

You say that you don't know and ask if you can give him a message.

The caller says that it doesn't matter.

You ask if you should ask him to ring.

The caller says no and adds that he'll ring again later.

Dialogue 3 ▢▢

Early morning, the Nielsens are getting ready to leave.

JØRGEN: Har I set mine nøgler?
MARTIN: De lå på køkkenbordet, da jeg gik i seng.
JØRGEN: Ja, men de er der ikke nu.
MARTIN: Du har nok taget dem i lommen!
JØRGEN: Spar dine vittigheder! Jeg har frygtelig travlt!
MARTIN: Har du ikke lagt dem ned i din taske?
JØRGEN: Jeg har ikke haft dem i hånden siden i aftes!

JØRGEN: *Have you seen my keys?*
MARTIN: *They were on the kitchen table, when I went to bed.*
JØRGEN: *Yes, but they aren't there now.*
MARTIN: *You've probably put them in your pocket!*
JØRGEN: *Spare (me) your jokes! I am terribly busy!*
MARTIN: *Haven't you put them in your briefcase?*
JØRGEN: *I haven't had them in my hand since last night!*

Note that, whereas English uses the possessive ('my', 'your', etc.) with parts of the body, Danish will often use the definite article:

Pas på hovedet!
Mind your head!

Jeg har fået noget i øjet.
I've got something in my eye.

Du har nok taget dem i lommen.
You've probably put them in your pocket.

However, if the part of the body is the subject of the sentence, the possessive will be used:

Hendes ansigt er smukt.
Her face is beautiful.

Language point 1

The present perfect and the past perfect tenses

This is a present perfect tense: I *have put* them in my pocket.
This is a past perfect tense: I *had put* them in my pocket.

The verbal forms 'has/have seen', 'has/have taken' and 'has/have had' are all the present perfect. Most Danish present perfect tenses consist of **har** + past participle.

Jeg *har* ikke *set* dine nøgler.
I haven't seen your keys.

Du *har taget* dem i lommen.
You have put them in your pocket.

However, in Danish some present perfect tenses consist of **er** + past participle. This happens when the principal verb in the sentence meets both of the following two requirements:

(a) it must not have an object.
(b) it must indicate change of state or motion:

Peter *er flyttet* til Hamborg ...

because **flytte** ('move') has no object and indicates motion.

Han *er blevet* tysker ...

because **blive** ('become') is intransitive and indicates change of state.

***Er* han *rejst*?**

because **rejse** ('travel', 'go') is intransitive and indicates motion.

- Transitive verbs are verbs that can take an object. Verbs that cannot take an object are called intransitive verbs.
- To construct the past perfect you just replace **har** and **er** with **havde** and **var**.

Exercise 2

Complete the following sentences and questions using **er** or **har**:

1 Hun _____ rejst tilbage til England.
2 Jeg _____ taget mobiltelefonen.
3 _____ Pamela kommet hjem?
4 Hun _____ kørt fra København.
5 Vi _____ drukket kaffe.
6 _____ du sendt den e-mail?
7 Jørgen _____ lagt nøglerne i tasken.
8 Nina _____ spist kagen.

Exercise 3

Match the questions and answers:

1 Hvor er min mobil?
2 Hvornår har du købt den video?
3 Hvem har fortalt dig om Søren?
4 Hvor har du parkeret bilen?
5 Hvor meget har den PC kostet?
6 Har du været i byen?
7 Hvor mange bananer har du købt?

(a) Fem.
(b) Den ligger ude i bilen.
(c) Uden for huset.
(d) Ja, hos bageren.
(e) I går.
(f) Det har Else.
(g) Tusind kroner.

Exercise 4

You and your partner are going away on holiday. Having left the house, you ask your partner if he/she has remembered to do the things he/she promised. Write down the questions, as you would ask them, using the word pairs given below. The verb should appear in the present perfect tense and the noun in the definite singular. Get the necessary information from the glossary at the back of this book:

Example:

huske/telefonsvarer: Har du husket telefonsvareren?
(Have you remembered the answer phone?)

betale/fiskehandler   ringe/til skole   slukke/lys   lukke/garage
afbestille/avis   låse/køkkendør   tømme/skraldespand

Language point 2

Finite and non-finite verbs

A finite verb is a verb that shows tense, which means that verbs in the present tense or the past tense are finite verbs. A non-finite verb does not show tense. Past participles and infinitives are non-finite verbs.

These are finite verbs:

De *spiser.*
Nina *spiste* **kagen.**

These are non-finite verbs:

Nina har *spist* **kagen.**
Vi skal *spise* **nu.**

So let us expand our pattern a bit further, as you have now learned to identify and use the past participles. They and other non-finite verbs belong under V:

F	v	n	a	V	Others
Nina	**kommer**	–	–	–	–
Pamela	**købte**	–	–		**bananer**
Hun	**er**	–	–	**kørt**	**fra København**
–	**Skal**	**vi**	–	**spise**	**nu?**

As negations (here **ikke**) belong under a, the same sentences negated would look like this:

F	v	n	a	V	Others
Nina	**kommer**	–	**ikke**	–	–
Pamela	**købte**	–	**ikke**		**bananer**
Hun	**er**	–	**ikke**	**kørt**	**fra København**
–	**Skal**	**vi**	**ikke**	**spise**	**nu?**

Useful phrases 2

Some time expressions

i dag	today
i morgen	tomorrow
i overmorgen	the day after tomorrow
i går	yesterday
i forgårs	the day before yesterday
i morges	this morning
i nat	last night or tonight

i aften	this evening
i år	this year
hver fredag	every Friday
om fredagen	on Fridays

omkring klokken otte om morgenen
around eight o'clock in the morning

næste onsdag/uge/måned/år
next Wednesday/week/month/year

sidste onsdag/uge/måned/år
last Wednesday/week/month/year

om en time / en uge / en måned, etc.
in an hour/a week/a month, etc.

for en time / en uge / en måned siden
an hour/a week/a month ago

(på) fredag otte dage
Friday week, a week on Friday

til sommer/jul, etc.
this (coming) summer/Christmas, etc.

først i næste uge
at the beginning of next week

The English 'first' and the Danish '**først**', which sound more or less the same, are not wholly interchangeable. **Først** can mean both 'in the beginning of' and 'not until'. Compare the translations of the following examples:

Han kommer først i næste uge.
He won't be here until next week.
. He will be here at the beginning of next week.

Da jeg først blev gift ...
It was not until I got married ...
When I finally got married ...

I begyndelsen da jeg var gift ...
When I was first married ...

Exercise 5

Match the sentence parts:

1	Jeg står op	(a)	for en time siden.
2	Jeg var på ferie i Italien	(b)	hver onsdag aften.
3	Jeg går til yoga	(c)	sidste sommer.
4	Jeg vil en tur til København	(d)	omkring klokken syv.
5	Påsken ligger tidligt	(e)	først i næste uge.
6	Jørgen er lige kommet hjem	(f)	i år.

Exercise 6

Insert **ikke** in the following sentences:

1 Det er min fødselsdag i dag.
2 I går regnede det.
3 Skal du gå nu?
4 Kom han for sent?
5 Om tirsdagen er det torvedag.
6 Han taler fransk.
7 Påsken ligger i marts i år.
8 Vi har ventet med middagen.

Exercise 7

Make sentences. Start with the word beginning with a capital letter:

1 fik /ikke / Jeg / mit kørekort
2 bruge / ikke / mobiltelefonen / Jeg / kan
3 er / i dag / ikke / kommet / Min sekretær
4 du / checken / ikke / indløse / Skal
5 har / hjemme hele dagen / ikke / Jeg / været
6 bruger / Han / aldrig / aftershave
7 du / ikke / komme /min fødselsdag / Vil

Exercise 8

What have you been doing – or not doing – in the past few days or years? Write down some short sentences, using the present perfect tense:

Example: **Jeg har købt en hund.**

Dialogue 4

Jørgen arrives home late from school.

JØRGEN: Undskyld, jeg kommer så sent.
PAMELA: Det gør ikke noget. Hvad har du lavet?
JØRGEN: Vi har haft møde.
PAMELA: Så kan vi endelig spise. Maden er færdig, og jeg er sulten.
JØRGEN: Har I ventet med middagen? Det er jeg ked af.
PAMELA: Skidt være med det.
JØRGEN: Oksesteg og rødvin og blomster på bordet! Hvad fejrer vi?
PAMELA: Har du helt glemt, at det er vores bryllupsdag?

JØRGEN: *I'm sorry I'm so late.*
PAMELA: *That doesn't matter. What have you been doing?*
JØRGEN: *We've had a meeting.*
PAMELA: *Then we can eat at last. I'm hungry.*
JØRGEN: *Have you waited with dinner? I'm sorry (about that)!*
PAMELA: *Never mind!*
JØRGEN: *Roast beef and red wine and flowers on the table! What are we celebrating?*
PAMELA: *Have you completely forgotten that it's our wedding day?*

Useful phrases 3

Making and accepting apologies

Saying sorry:

Undskyld.	Sorry.
Det må du/I undskylde.	I am sorry.
Det er jeg (meget) ked af.	I am (terribly) sorry about that.

Some neutral and polite answers:

Det gør ikke noget!	That doesn't matter!
Det gør ikke spor!	Not at all!

However, you will often hear family and friends just saying:

Skidt (være) med det!	Never mind!

Exercise 9

Now revise your past participles! Translate only the words in brackets into Danish:

1 Who has (translated) this rubbish?
2 Had she really (closed) her eyes?
3 Has anybody (rung)?
4 She had (locked) the doors.
5 Have you (remembered) the milkman?
6 I have (emptied) the whisky bottles.
7 Who has (hidden) my chequebook?
8 I thought you'd (washed) your feet!

Pronunciation practice 🔲

Undskyld, jeg kommer for sent.
I'm sorry I'm late.

Undskyld, jeg forstyrrer.
(I'm) sorry for interrupting.

Undskyld, jeg afbryder.
(I'm) sorry to disturb (you).

Undskyld! Gjorde det ondt?
(I'm) sorry! Did it hurt?

Undskyld, jeg ikke er færdig.
I'm sorry I am not finished/ready.

Undskyld, jeg glemte din fødselsdag.
I'm sorry I forgot your birthday.

Pas på bilerne!
Look out for the cars!

Pas på, du ikke falder!
Watch (Be careful) you don't fall!

Pas på, du ikke kommer for sent!
Be careful not to be late.

Pas godt på børnene!
Look after the children!

Pas godt på din mobiltelefon!
Look after your mobile!

Reading text 🎧

A late phone call

It is rather late in the evening. Ole Sørensen, a businessman, rings home. Mrs Sørensen answers the phone.

FRU SØRENSEN: 96 49 03 51.
OLE SØRENSEN: Hallo! Hej min elskede! Jeg ringer bare for at sige, at jeg kommer meget sent hjem i aften. Jeg har et vigtigt møde.
FRU SØRENSEN: Skidt være med det. Det gør ikke noget. Jeg går bare i seng.
OLE SØRENSEN: Hvad siger du?
FRU SØRENSEN: Jeg siger, det gør ikke spor, min elskede.
OLE SØRENSEN: Undskyld, jeg må have fået forkert nummer!

Vocabulary

min elskede	my darling
bare for at sige	just in order to tell
vigtigt	important

Test yourself

1 Hello! Could I speak to Mrs Nielsen?
2 Speaking!
3 He has not bought a computer.
4 Haven't you bought a house?
5 He has gone home.
6 She came a week ago.
7 She is here every Tuesday.

6 Den daglige tummerum

The daily humdrum

This unit deals with:

- Adjectives (choosing between forms like **fin**, **fint** and **fine**)
- Expressing ability or possibility
- Asking and granting permission
- Expressing prohibition or refusing permission
- The position of objects
- Expressing wishes

Dialogue 1 🔲

Martin who is contemplating buying a new computer talks to his friend, Knud, about it.

MARTIN: Du har lige købt en ny computer, ikke?
KNUD: Jo, hvorfor?
MARTIN: Jeg overvejer også at købe en ny. Er du glad for din?
KNUD: Ja, meget. Den var dyr, men den *er* meget hurtig.
MARTIN: Jeg er træt af den gamle, jeg har. Den er frygtelig langsom.
KNUD: Hvornår købte du den?
MARTIN: For fire år siden.
KNUD: Er du tosset? Så er det på tide, du får en ny.

MARTIN: *You've just bought a new computer, haven't you?*
KNUD: *Yes, why?*
MARTIN: *I'm thinking of buying a new one, too. Are you happy with it?*

KNUD: *Yes, very. It was expensive, but it IS very fast.*
MARTIN: *I'm tired of the old one I've got. It is awfully slow.*
KNUD: *When did you buy it?*
MARTIN: *Four years ago.*
KNUD: *Are you mad? Then it's about time you had a new one.*

Language point 1

Adjectives

Most adjectives can appear in three different forms: the basic form, the **t**-form and the **e**-form.

Basic form	t-form	e-form
stor (big)	**stort**	**store**
dejlig (lovely)	**dejligt**	**dejlige**

There are of course exceptions to the patterns. The most essential are:

1 Adjectives ending in **-sk**. They do not add **-t** in the **t**-form:

Basic form	t-form	e-form
dansk (Danish)	**dansk**	**danske**

2 Adjectives ending in a unstressed **-e** do not change at all:

moderne (modern)   **moderne**   **moderne**

3 Adjectives ending in a short vowel and a consonant double the consonant in the **e**-form:

langsom (slow)   **langsomt**   **langsomme**

4 Adjectives ending in **-t** do not add a further **-t** in the **t**-form:

træt (tired)   **træt**   **trætte**

5 Many adjectives ending in **-d** do not add **-t** in the **t**-form:

glad (happy)   **glad**   **glade**

but

god (good)   **godt**   **gode**

6 The irregular adjective **lille** (small) has two **e**-forms.

lille (small)   **lille**   **lille** or **små**

For their use see Language point 2 below.

Adjectives ending in **-el**, **-en**, or **-er**, which behave slightly differently, are discussed in Unit 14.

Exercise 1

Write down the basic form, the **t**-form and the **e**-form for the following adjectives:

dyr, engelsk, forkert, hurtig, langsom, sen, tidlig, travl, vigtig

Language point 2

How to use the adjectival forms

The basic form and the **t**-form are used before an indefinite noun in the singular, also if the indefinite article itself is omitted. A common gender noun takes the basic form and a neuter noun the **t**-form:

Knud har en dejlig computer.
Knud has a lovely computer.

Pamelas forældre bor i et gammelt hus.
Pamela's parents live in an old house.

Det er fint vejr.
The weather is fine. (=It is fine weather.)

Also, the basic form and the **t**-form are used if the adjective appears later in the sentence than a singular noun to which it refers. In this case it doesn't matter whether the noun is indefinite or definite:

Computeren er dejlig.
The computer is lovely.

Huset er gammelt.
The house is old.

Fisken var ikke stor.
The fish wasn't big.

In all other cases the **e-**form is used. That is:

1 Between **den**, **det** or **de** and a noun, indicating the definite form:

den *store* **bil**   the big car
det *store* **hus**   the big house
de *dyre* **grøntsager**   the expensive vegetables

For the definite form of nouns without an adjective, see Unit 3.

2 Connected to a noun in the plural:

Store **huse er** *dyre.*   Big houses are expensive.
Haverne er *store.*   The gardens are big.

3 After a pronoun:

vores *dejlige* **have**   our lovely garden

4 After a genitive:

Lørdag er Pamelas *travle* **dag.**
Saturday is Pamela's busy day.

The form of **lille** used when attached to or referring to a noun or a pronoun in the plural is always **små**:

Vi har små børn.
We have small children.

Børnene er små.
The children are small.

De er små.
They are small.

Exercise 2

Insert the adjectives below. Of course they are not given in the right order!

dyr, engelsk, forkert, frisk, god, langsom, træt, travl, vigtig

1 Jeg har kun (English) penge i lommen.
2 De drak al vores (good) rødvin.

3 Vi kørte hjem i fars (slow) bil.
4 Jeg har et (important) møde i dag.
5 Juleaften er altid en (busy) aften.
6 Jeg gik ind i det (wrong) tog.
7 Blomsterne var meget (fresh).
8 Børnene var (tired), da de kom hjem.
9 Det var (expensive) at få et nyt pas.

Pronunciation practice 🔊

Unlike English where it is mute before *n*, *k* is always pronounced in that position in Danish. Try these:

knap	button
kno	knuckle
knude	knot, lump
knytnæve	clenched fist
knæ	knee

Dialogue 2 🔊

Martin wants to borrow the car, but Jørgen needs it to go shopping with Grandma.

MARTIN: Må jeg låne bilen?
JØRGEN: Nej, ikke lige nu. Jeg skal bruge den.
MARTIN: Til hvad?
JØRGEN: Jeg skal køre farmor hjem.
MARTIN: Det kan jeg gøre. Og så kan jeg låne bilen bagefter.
JØRGEN: Udmærket. Jeg vil faktisk også hellere blive hjemme.

MARTIN: *Can/May I borrow the car?*
JØRGEN: *No, not just now. I'll need it.*
MARTIN: *For what?*
JØRGEN: *I've got to (must) take (drive) Grandma home.*
MARTIN: *I can do that. And then I can borrow the car afterwards.*
JØRGEN: *Excellent! I'd actually also rather stay at home.*

Language point 3

Auxiliary verbs

Here are some auxiliary verbs:

Examples:

> Knud *has* bought a computer.
> I *must* take Grandma home.
> I *can* drive.

Some of the so-called auxiliary verbs 'to have' and 'to be', are used together with other verbs to make tenses (see Units 3 and 4). Others, like for instance 'can' 'must' and 'will', imply necessity, probability, possibility or certainty. This last group is specifically called modal verbs.

The four main Danish modals are **at kunne**, **at måtte**, **at ville** and **at skulle**, and luckily they are in many ways similar to the English ones in use. However, as you might have spotted already, they can be a bit tricky all the same.

Useful phrases 1

Expressing ability or possibility

Kunne (**kan**, **kunne**, **kunnet**) together with a bare infinitive (an infinitive without **at**) expresses what somebody is able to do or can possibly do:

Det kan jeg gøre.   I can do that.

Exercise 3

Now write some sentences about what you can and what you cannot do, using **kan** + infinitive or **kan ikke** + infinitive:

Examples:

> **Jeg kan oversætte fra engelsk til dansk.**
> **Jeg kan ikke synge.**

Exercise 4

What are your options – or possibilities – in the following situations?
Use the words in brackets for your answers:

Example:

You are fed up with your dog. (buy a cat)
Jeg kan købe en kat.

1 You don't like the country you live in. (move to Germany)
2 You don't want people to know that you are at home.
(switch off the light)
3 You don't like to say no to an invitation. (say yes)
4 You haven't got any tea. (drink coffee)
5 You are fed up with your wife. (take a new)
6 You don't want to spend your holiday in England this year.
(go to Japan)
7 You ring your friend, but get no answer. (send an e-mail)

Note that **at gå** only means 'to go on foot', whereas 'to go' by any
means of transport will in Danish be **at tage** or **at rejse**.

Exercise 5

Make valid sentences using **Man kan** + an entry from the first box
and the appropriate noun from the second.

Example: **Man kan synge en sang.**

synge	en øl
veksle	et æble
fortælle	en bil
drikke	penge
låse	en sang
parkere	en historie
spise	en fødselsdag
fejre	en dør

Man means 'one', 'you' (the equivalent of the impersonal 3rd
person singular).

Dialogue 3

Pamela answers the phone at work.

PAMELA:	Københavns turistbureau.
STEMMEN I TELEFONEN:	Hallo. Hej! Det er Jørgensen fra banken. Må jeg tale med Anna Olsen?
PAMELA:	Lige et øjeblik! – Nej, hun taler desværre lige med en kunde.
STEMMEN I TELEFONEN:	Er Hans Petersen der?
PAMELA:	Nej, han er her ikke i dag. Han er syg.
STEMMEN I TELEFONEN:	Må jeg så tale med Pamela?
PAMELA:	*(jokingly)* Ja, det må du godt. Det er mig!

Vocabulary

kunde	customer
syg	ill

Useful phrases 2

Asking and granting permission

Måtte (**må**, **måtte**, **måttet**) is used when asking or giving permission about something. **Godt** or **gerne** is usually inserted in the sentence as well:

> **Må jeg (godt) tale med Anna Olsen?**
> Could I speak to Anna Olsen?

> **Ja, det må du godt/gerne.**
> Yes, you may. – Yes, of course.

Useful phrases 3

Expressing prohibition or refusing permission

Måtte is also used when refusing someone permission to do something, but under those circumstances **godt** or **gerne** is replaced by a negative:

> **Du må ikke bruge min computer.**
> You must not use my computer.

> **Du må aldrig ringe til mig på kontoret.**
> You must never ring me at the office.

Language point 4

The position of objects

We can now expand the word order pattern a bit further. All non-finite verbal forms go under V, and all words that serve as object or complement of the verb, belong under N.

F	*v*	*n*	*a*	*V*	*N*	*Others*
Du	**må**	–	**(gerne)**	**lane**	**bilen**	**(i dag)**

Exercise 6

Ask your friend if you can do the following:

1 Close the door   **Må jeg lukke døren?**
2 Eat the cake
3 Use the telephone
4 Phone later
5 Move the table
6 Borrow his wife

Exercise 7

Now tell your friend some things that he/she must not do:

1 Park the car in the town.   **Du må ikke parkere bilen i byen.**
2 Borrow money from children.
3 Forget the red wine.
4 Buy a big house.
5 Use the mobile so much.

Dialogue 4 🔲

Pamela is at the baker's.

PAMELA: Jeg vil gerne have et rugbrød.
BAGEREN: Et stort eller et lille?
PAMELA: Et stort, tak. Og otte rundstykker.
BAGEREN: Vi har kun fire tilbage.
PAMELA: Nå, så giv mig dem. Har I ikke noget wienerbrød i dag?
BAGEREN: Jo, om en halv time.
PAMELA: Bare jeg var kommet lidt senere!

Vocabulary

eller	or
i dag	today
Jo, om en halv time	Yes, in half an hour
rugbrød	rye loaf
rundstykke	roll
wienerbrød	Danish pastry

Language point 3

Expressing wishes

Ville (**vil**, **ville**, **villet**) + **gerne** + an infinitive expresses a wish. Both the present tense (**vil**) and past tense (**ville**) are used.

> **Jeg vil gerne have et rugbrød.**
> Could/May I have a rye loaf, please.

> **Jeg ville gerne have en sportsvogn.**
> I'd like to have (I wish I had) a sports car.

Danes also have two special words – **gid** and **bare** – with which to introduce sentences expressing wishes:

> **Gid de kommer!**
> I wish (If only) they'd come!

> **Bare jeg var kommet lidt senere!**
> I wish I had come a little later!

The present tense tends to be used to express wishes that could well be fulfilled, while the past tense is reserved for something considered less likely.

Exercise 8

What does a person say who wants to do the following?

1 wants to buy an English newspaper?
2 wants to have a beer?
3 wishes that he had a lot of money?
4 wishes that he had a beautiful wife?
5 wants to see Copenhagen?
6 wants to hear Kiri te Kanawa?
7 wishes it were summer?

Pronunciation practice ◧◨

> **Kan du tale engelsk?**
> Do you speak English?

> **Kan du programmere?**
> Can you programme?

Må jeg se dit kørekort?
Could I see your driving licence?

Undskyld, må jeg få lov til at komme forbi?
Excuse me! Could I get past?

Du må ikke gå over vejen nu!
You mustn't cross the road now!

Gid jeg snart var hjemme!
I wish I were home soon!

Reading text

An entry from Nina's diary

11. august

Det er lørdag morgen, og jeg har slet ikke skrevet dagbog (*diary*) i denne (*this*) uge. Der har været så mange andre ting (*many other things*).

I mandags var det Louises fødselsdag. Hun holdt ikke fest, men hun inviterede (*invited*) mig og 2 andre piger i biografen (*the cinema*) om aftenen (*in the evening*).

I tirsdags var jeg syg. Ikke meget, men jeg havde hovedpine (*a headache*) og sov (*slept*) det meste af dagen. Om aftenen læste (*read*) jeg lektier (*homework*) til onsdag.

I onsdags var jeg i skole igen. Vi havde prøve (*had a test*) i engelsk. Jeg kunne oversætte det hele (*everything*). Om aftenen var jeg på diskotek med Louise.

I torsdags havde mor fødselsdag. Farmor og farfar kom til middag. Jeg blev ikke hjemme, men jeg hjalp mor med at lave mad. Klokken 6 (*at 6 o'clock*) gik jeg i svømmehallen (*swimming pool*), og jeg læste lektier, da jeg kom hjem.

I går havde vi stor fest på skolen. Jeg kom ikke hjem før klokken 3. Der er sikkert mange, der har tømmermænd (*hangover*) i dag. Vi drak en masse (*lots of*) øl, men heldigvis (*luckily*) er ingen af mine venner (*friends*) på stoffer (*on drugs*).

Vocabulary

I mandags/tirsdags/onsdags ...   Last Monday/Tuesday/Wednesday ...

Test yourself

1 They bought an old house.
2 The new car was expensive.
3 The tourists are ill.
4 Could I borrow the house in July?
5 Can you sing?
6 You mustn't drink coffee.

7 Små problemer

Small problems

This unit deals with:

- Showing likes and dislikes
- How to say you have not heard or understood
- Giving orders or commands
- The genitive
- Possessive adjectives and pronouns ('my', 'mine', 'his', 'ours')
- Family names

Dialogue 1 ▄▄

Martin wants to watch a horror film in the evening, while Pamela had set her heart on something more romantic.

MARTIN: Jeg skal se tv i aften!

PAMELA: Hvornår?

MARTIN: Der kommer en gyser klokken ni.

PAMELA: Nej tak, min søn! Klokken ni skal jeg se gammel film med Cary Grant!

MARTIN: Åh, mor! Det romantiske pjat!

PAMELA: Hør nu her! Du sidder altid foran fjernsynet, når der er sport, og det accepterer jeg. Men sommetider vil jeg bestemme! Du kan købe dit eget fjernsyn.

MARTIN: Det har jeg ikke råd til. Hvad er der forresten galt med gysere?

PAMELA: Jeg kan ikke fordrage den slags film. De er usunde.

MARTIN: De er spændende og gode at slappe af på. Er du ikke glad for, at jeg ikke ser pornofilm?

Vocabulary

Det har jeg ikke råd til.	I can't afford it.
Hvad er der galt med gysere?	What's wrong with horror films?
Jeg kan ikke fordrage den slags film.	I can't stand that sort of film.

acceptere	accept	**bestemme**	decide
mit eget	my own	**film**	film
se fjernsyn/tv	watch TV	**foran**	in front of
pjat	nonsense	**pornofilm**	porno film
romantisk	romantic	**slappe af**	relax
sommetider	now and then	**spændende**	exciting
usund	unhealthy		

Egen 'own' agrees with its noun in gender and number:

> **min egen computer**
> **mit eget fjernsyn**
> **mine egne penge**

Useful phrases 1

Showing likes and dislikes

Kan lide or **kan ikke lide** are the most frequently used phrases for showing likes and dislikes. But of course there are more emotionally loaded words in that area.

Showing a liking for something or somebody

1 Neutral expressions:

Jeg kan lide romantiske film	I like romantic films
Jeg er glad for ...	I like ...
Jeg er meget/vældig glad for ...	I'm very fond of ...

2 A more emotional expression:

Jeg holder af ...	I am fond of ...

3 Stronger expressions:

Jeg elsker gamle film	I love old films
Jeg er vild med ...	I'm crazy about ...

Showing dislike for something or somebody

4 Neutral expressions:

Jeg kan ikke lide gysere	I don't like horror films
Jeg er ikke glad for ...	I don't like ...
Jeg bryder mig ikke om ...	I am not keen on ...

5 Stronger expressions:

Jeg kan ikke fordrage ...	I can't stand ...
Jeg hader ...	I hate ...

Exercise 1

Using the expressions above, write down what you think of:

badminton, bananer, Amerika, bryllupper, computere, sport, fisk, kaffe, børn, opera, kager, rugbrød

Try to vary your expressions.

Dialogue 2 🔲

Jørgen has a computer problem and asks Martin for help.

JØRGEN: Kan du ikke lige hjælpe mig?
MARTIN: Jo. Hvad er der?
JØRGEN: Se her! Jeg kan ikke sortere de ord.
MARTIN: Igen! Jeg fortalte dig det i går.

JØRGEN:	Ja, men jeg kan ikke huske det.
MARTIN:	Klik på 'funktioner,' og så på 'sortér'.
JØRGEN:	Det har jeg prøvet.
MARTIN:	Prøv igen! Sæt markøren på 'funktioner' og så på 'sortér'!
JØRGEN:	Hvad siger du?
MARTIN:	Sæt markøren på 'funktioner', og gå så ned på 'sortér'.
JØRGEN:	Hva'? Sig det lige igen! Langsomt!
MARTIN:	Åh, lad mig!

Vocabulary

Hvad er der?	What's wrong?	**Prøv igen!**	Try again!
klikke	click	**markør**	cursor
ord	word	**sortere**	sort *(vb)
sætte	put, place		

funktioner (key on a computer)   tables

Useful phrases 2

How to say that you have not heard or understood what was said

Hvad siger du/De?	Sorry? (= What do you say?)
Hvadbehager?	Sorry? Pardon? (formal)
Hva'?	Sorry? What?
Det forstår jeg ikke.	I don't understand.
Hvad betyder det?	What does that mean?
Sig det lige igen!	Will you just say that again?

The short form **Hva'** (= **hvad**) is not considered particularly polite but is widely used among people who know each other.

Lige – often preceded by **ikke** – is not a direct translation of please, but on many occasions the two phrases have the same function. They make a demand or a question more polite.

Kan du ikke lige lukke døren?
Won't you please shut the door?

Vil du lige flytte dig lidt?
Would you mind moving a bit, please?

Language point 1

The imperative

This is an imperative: *Try* again!

The imperative is a verbal form used for giving orders or commands. It is formed by removing the **-e** from the infinitive. For the sake of clarity the infinitive is here written with its **at** (to) attached.

Infinitive	*Imperative*
at prøve (to try)	**prøv!** (try!)
at spise (to eat)	**spis!** (eat!)

The very few infinitives with no ending have of course no **-e** to remove!

Infinitive	*Imperative*
at se (to look/see)	**se!** (look/see!)

Verbs with a double consonant in the infinitive simplify this in the imperative:

Infinitive	*Imperative*
at komme (to come)	**kom!** (come!)
at drikke (to drink)	**drik!** (drink!)

'Don't cry!' can be translated into **Græd ikke**, but that sounds a bit poetic. Danes tend to get round the expression in a different way, using **Lad være med**:

Lad være med at græde!
Don't cry!

Lad være med at sige det!
Don't say that!

The infinitive without the **-e** is also called the stem of the verb.

Exercise 2

Translate these sentences:

1 Hide the computer!
2 Wash the cat!
3 Help Nina!
4 Move the table!
5 Eat the carrot!
6 Take the car!
7 Buy now, pay later!

And these few sentences with **lad være med**:

Example: Don't lie! = **Lad være med at lyve!**

1 Don't buy the car!
2 Don't eat the vegetables!
3 Don't use a mobile phone!
4 Don't pay him!
5 Don't wait with dinner!

Dialogue 3 ▪️▪️

Pamela stops Nina who is on her way out of the house immediately after dinner.

PAMELA: Hov Nina! Hvor skal du hen?
NINA: Jeg skal over til Louise.
PAMELA: Jeg troede, det var din tur til at fylde opvaskemaskinen i aften.
NINA: Nej, det er Martins. Han sidder foran fjernsynet.
PAMELA: Den snyder!
NINA: Jeg tager din cykel. Min er punkteret.
PAMELA: Kom nu ikke for sent hjem!
NINA: Du behøver ikke bekymre dig for mig, mor! Jeg *er* seksten år!

Vocabulary

Kom nu ikke for sent hjem!	Don't be too late home!
Det er din tur!	It is your turn!
Du behøver ikke (at) bekymre dig for mig!	You needn't worry for me!

cykel	bike	**fylde**	fill
Hov!	Hey!	**opvaskemaskine**	dish washer
er punkteret	has got a puncture		

Skulle and **ville** can appear without a verb of motion if followed by a phrase denoting place:

Hvor skal du hen?	Where are you going?
Jeg skal hen til bageren.	I'm going to the baker's.
Jeg skal ud i aften.	I'm going out this evening.
Jeg skal i biografen.	I'm going to the cinema.
Jeg skal til yoga.	I'm going to my yoga class.
Jeg skal på ferie i Italien.	I'm going on holiday to Italy.
Jeg vil hjem.	I want to go home.
Jeg vil med.	I want to come with you.

Language point 2

The genitive

Here is a genitive form: Here are the *children's* rooms. To construct the genitive, Danish just adds **-s** to any form of the noun:

Martins computer	Martin's computer
børnenes værelser	the children's rooms
årets måneder	the months of the year
Amerikas opdagelse	the discovery of America
Shakespeares liv	the life of Shakespeare

Nouns ending in **-s** themselves add an apostrophe or an apostrophe plus **s**:

Niels' (or Niels's) cykel   Niels' bike

You will find that Danish often uses the **s**-genitive where English prefers a phrase with a preposition. However, some phrases that do not refer to a person could well be replaced by prepositional phrases as well:

Amerikas opdagelse = opdagelsen af Amerika

Exercise 3

Translate the phrases in the brackets using the s-genitive:

1 (Pamela's roast beef) is the best in town.
2 That was (the joke of the day).
3 (The family's summer holiday) was a disaster.
4 I have visited many of (the children's parents).
5 (The shops' windows) were all smashed.

Reading text

Pamela writes:

Min mor og far bor i et gammelt hus i Oxford. Mine svigerforældres hus her i Køge er også gammelt. De har en dejlig have, og min svigerfar elsker at arbejde i den.

Vores hus er helt moderne. Børnenes værelser er store og ligger heldigvis langt fra stuen. Så kan vi næsten ikke høre Martins stereoanlæg. Jeg synes, de spiller alt for højt, når hans venner er på besøg.

Martin og Nina skal selv holde deres værelser i orden, og Martins værelse er som regel pænt. Men Nina er håbløs. Hendes værelse er altid et stort rod.

Vores have ligger syd for huset, og Jørgen tilbringer meget af sin tid derude. Han ligner sin far.

Jeg hader havearbejde. Jeg er glad for mit køkken. Jeg elsker at lave god mad.

Vocabulary

derude	out there	**er på besøg**	are visiting
have	garden	**håbløs**	hopeless
høj	loud	**køkken**	kitchen
langt fra	far away from	**ligner**	resembles, is like
i orden	tidy	**spille**	play
stereoanlæg	stereo	**stue**	(sitting) room
svigerfar	father-in-law	**svigerforældre**	parents-in-law
tid	time	**tilbringe**	spend

Language point 3

Possessive adjectives and pronouns

Here is a possessive adjective: Here is *my* chequebook.
Here is a possessive pronoun: This chequebook is *mine*.

Singular		Plural	
min/mit(mine	my, mine	**vores**	*our, ours*
din/dit/dine (Deres)	your, yours	**jeres (Deres)**	*your, yours*
hans	his	**deres**	*their, theirs*
hendes	her, hers		
dens, dets	its		

Min and **din** inflect according to the noun they are attached to or refer to. Together with a noun in the singular they follow the gender of the noun:

min/din have	my/your garden (**min** or **din** because it is **en have**)
mit/dit køkken	my/your kitchen (**mit** or **dit** because it is **et køkken**)
mine/dine venner	my/your friends (always **mine** or **dine** with a plural noun)

The other possessives (those ending in **-s**) do not normally change, though the written language often prefers **vore** to **vores** before a plural noun:

vores hus	our house
hans værelse	his room
deres venner	their friends

Danes do not distinguish between possessive adjectives and possessive pronouns, and the forms are the same:

Possessive adjective		Possessive pronoun	
mit **køkken**	my kitchen	**Køkkenet er** *mit*	the kitchen is mine
din **have**	your garden	**Haven er** *din*	the garden is yours

Deres is formal and only used when you are talking to one or several people who you would address with **De**:

> **Her er Deres frakke, doktor Brun!**
> Here's your coat, Doctor Brown!

Another possessive, **sin/sit/sine**, also means 'his/her(s)/its'. It follows the noun it is attached to in gender and number, but it is only used if a 3rd person singular (i.e. **hun**, **han**, **den**, **Pamela**, **Martin**) is the owner of what is mentioned:

> **Jørgen arbejder i *sin* have.**
> Jørgen works in his (own) garden.

> **Jørgen arbejder i *hans* have.**
> Jørgen works in his (for instance, his father's) garden.

> **Pamela elsker *sit* køkken.**
> Pamela loves her (own) kitchen.

> **Pamela elsker *hendes* køkken.**
> Pamela loves her (for instance, her mother-in-law's) kitchen.

> **Pamela elsker *sine* børn.**
> Pamela loves her children.

> **Pamela and Jørgen elsker *deres* børn.**
> Pamela and Jørgen love their children.

Exercise 4

Translate the words in the brackets.

1 (Our) familie bor i København.
2 Hvor bor (your, informal singular) elskede?
3 Hvor ligger (her) hus?
4 Jørgen glemte (his) bryllupsdag.
5 Taler (your, informal singular) forældre engelsk?
6 (Their) far er tosset.
7 Hvor købte Martin (his) stereoanlæg?
8 Han kan ikke lide (his) svigermor.
9 Pigerne tog (their) cykler.
10 Værelserne er (theirs) og ikke (ours).
11 Det er (his) værelse.
12 Hun vil ikke spise (her) grøntsager.

Pronunciation practice 1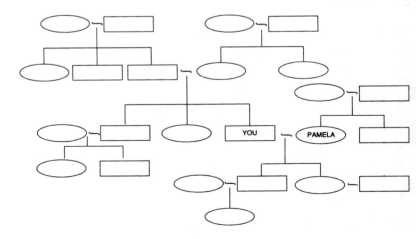

y and **ø**. Some people find it hard to distinguish between the sound of these two Danish letters. Here is the chance to practise, using some of the words you have already come across:

by	**købe**	**fyrre**	**øre**
dyr	**møde**	**synger**	**køkken**
lys	**øst**	**stykket**	**rødvin**
syv	**søn**	**begynder**	**kørekort**
syd	**først**		

Also the ending **-de** probably needs bit of practice. Have a go!

både
hedde
måde
møde

Useful phrases 4

Family relationships

Imagine you are Jørgen in his old age and complete this family tree, using as many as possible of the terms below:

mor	**son**	**fætter**	**far**
datter	**kusine**	**farmor**	**niece**
svigerfar	**farfar**	**nevø**	**svigermor**
mormor	**moster**	**svoger**	**morfar**
morbror	**svigerinde**	**søster**	**faster**
svigersøn	**bror**	**farbror**	**svigerdatter**
barnebarn			

Exercise 5

Three of the words from the above list didn't fit into the chart. Which were they, and what do they mean? Not mentioned at all were:

mand	husband
kone	wife
stedfar	stepfather
stedmor	stepmother
stedsøster	stepsister
stedbror	stepbrother

Danes use the word **søskende**, meaning 'siblings', quite freely, where many English speakers prefer to talk of 'brothers and sisters'. **Tante** is another word often used for both **moster** and **faster**, as is **onkel** for both **morbror** or **farbror**.

Exercise 6

Write about your own relatives, practising the genitive as well as the vocabulary above:

Example: **Min kusines mand hedder Olaf.**
Hendes mormor bor i København.

Exercise 7

What do you think?

1 Hvor vil du gerne bo?
2 Hvor vil du gerne holde ferie?
3 Hvilke film kan du lide?
4 Hvilke dyr kan du lide?
5 Hvor mange timer sidder du foran fjernsynet hver dag?
6 Hvem er din bedste ven eller dine bedste venner?

Pronunciation practice 2 🔲

Jeg kan godt lide at høre klassisk musik.
I like classical music.

Jeg elsker specielt Beethoven og Schubert.
I specially love Beethoven and Schubert.

Jeg kan ikke lide pop-musik, men jeg kan acceptere jazz.
I don't like pop music, but I can accept jazz.

Rock kan jeg simpelthen ikke fordrage.
I simply can't stand rock.

Exercise 8

Answer the following questions with a simple **ja**, **jo** or **nej**. (if you can't remember the rules, look at Unit 3):

1 Bor Pamelas forældre i Oxford?
2 Er Jørgens forældres hus nyt?
3 Er Martins værelse ikke stort?
4 Er Ninas værelse altid pænt?
5 Ligger stuen langt fra børnenes værelser?
6 Har Pamela ikke en opvaskemaskine?
7 Hader Pamela at lave mad?
8 Er Jørgen ikke glad for at arbejde i haven?
9 Har Martin et stereoanlæg?
10 Ligger Jørgens have nord for huset?

Test yourself

1 Computers! I hate them!
2 You needn't come. Forget it!
3 Sorry, what are you saying?
4 Dad's bike is old.
5 She doesn't like her (own) father-in-law.
6 He is very fond of her father.

8 Jeg ønsker, jeg kræver og jeg foreslår . . .

I wish, I want and I suggest . . .

This unit deals with:

- How to make a request sound polite
- Expressing necessity ('We'll have to . . .')
- Expressing will ('I want to . . .')
- Writing letters and addressing envelopes
- Making suggestions ('Shouldn't we . . .')
- The declension of nouns ending in **-er**
- How to express inclination or enthusiasm

Dialogue 1 ▣

Pamela comes into the living room, where Nina is watching TV.

NINA: Luk døren!
PAMELA: Hvad siger du?
NINA: Luk døren!
PAMELA: Kan du ikke tale ordentligt? Hvad er det for en måde at tale på?
NINA: Åh mor! Jeg er midt i sådan en spændende film.
PAMELA: Det er ingen undskyldning!
NINA: *(ironisk)* Ok! Vil du ikke lige være så venlig at lukke døren?
PAMELA: Jo, min skat!

Vocabulary

Hvad er det for en måde at tale på?	What sort of way is that to talk?
Det er ingen undskyldning.	That's no excuse.
sådan en spændende film	such an exciting film
min skat	my dear
ironisk	ironically
venlig (see below)	

Useful phrases 1

How to make a request sound polite

Although Danes do not have a word corresponding entirely to 'please', they naturally have ways of expressing themselves with varying degrees of politeness.

1 Using just the imperative can easily sound rude:

> **Luk døren!**
> Shut the door!

2 Adding the 'softener' **lige** (not unlike the English 'just), is more polite, but not always quite enough. It all depends on the tone it is said in and the circumstances:

> **Luk lige døren!**
> (Please) shut the door!

3 A common alternative is to use **Vil du ikke lige** + a bare infinitive:

> **Vil du ikke lige lukke døren?**
> Won't you please close the door?

4 If you really want to make a good impression you can say:

> **Vil du/De ikke lige være så venlig at lukke døren?**
> Won't you please be so kind as to shut the door?

5 A form mainly heard in casual talk among people who know each other well is:

> **Gider du (ikke) lige lukke døren?**

6 Watch the combinations of **lukke** with **i**, **op** and **til**:

at lukke or **at lukke i**	to shut, to close
at lukke op (or **åbne**)	to open
at lukke til	to close, to cover

Exercise 1

Using option 3 please ask somebody to do the following:

1 order a ticket
2 move the table
3 fetch the red wine
4 help me
5 hold the key
6 come over here
7 switch the light off

Dialogue 2 ▢

Nina can't be bothered to help her grandmother.

PAMELA: Kan du ikke lige gå over og se, om der er noget, du kan hjælpe farmor med?
NINA: Nej, det gider jeg ikke.
PAMELA: Du skal!
NINA: Jeg skal over til Louise nu. Vi skal i svømmehallen.
PAMELA: Vi bliver nødt til at hjælpe farmor, så længe farfar er syg.
NINA: De har da hjemmehjælp!
PAMELA: Ja, men det er ikke mange timer om ugen.

Vocabulary

hjemmehjælp	*home help*
svømmehallen	*swimming bath*
Vi bliver nødt til ...	*We'll have to ...*
så længe	*as long as*

Useful phrases 2

Expressing necessity

The verb used when indicating some action to be necessary is primarily **skulle** (**skal**, **skulle**, **skullet**) followed by a bare infinitive:

Du skal!
You'll have to! You must!

However, more or less interchangeable with **skulle** in this sense is **blive nødt til**, expressing necessity as well:

Vi bliver nødt til at hjælpe farmor.
We'll have to help grandma.

Måtte (**må**, **måtte**, **måttet**) – also with a bare infinitive – occasionally expresses necessity as well, not least when it is stressed:

Du *må* lære at bruge en computer!
You *must* (= You'll have to) learn to use a computer!

Exercise 2

You're going away on holiday tomorrow, and there are things that you must get done first. Write down the list in Danish, following the suggestions below. Use either **Vi skal** or **Vi bliver nødt til**. (You may have to look some of the words up in the dictionary.)

Example: wash the car
Vi skal vaske bilen.
or **Vi bliver nødt til at vaske bilen.**

1 Speak to (**med**) Grandma's home help.
2 Send the letter to Oxford.
3 Pay the carpenter today.
4 Buy a top-up card (**et taletidskort**) for the mobile phone.
5 Change some Danish money to Euros in the bank.

Dialogue 3 🔲

*Pamela and Jørgen are arguing about what to do in their forth-
coming holiday.*

PAMELA: Jeg vil til Sydeuropa!
JØRGEN: Det siger du hvert år. Hvorfor tager vi ikke til Norge
eller Sverige?
PAMELA: Jeg vil ikke nordpå! Jeg vil have solskin!
JØRGEN: Du vil bare have solskin og ligge på stranden! Det har
aldrig interesseret mig.
PAMELA: Efter en lang vinter trænger jeg til sol!
JØRGEN: Hvad med midnatssolen?
PAMELA: Jeg *vil* ikke nordpå!
JØRGEN: Tag det nu roligt! Lad os nu ikke skændes om det! Jeg
synes, du skal tage sydpå, og så tager jeg til Norge!

Vocabulary

Tag det nu roligt!	Take it easy!
Lad os nu ikke skændes om det!	Don't let us argue about that!
Jeg trænger til sol.	I need (some) sun.

midnatsol	midnight sun	**tage nordpå**	go north
sol	sun	**solskin**	sunshine
strand	beach		

Useful phrases 3

Expressing will

ville (**vil, ville, villet**) + a bare infinitive expresses what you want
to do:

Jeg vil have solskin.
I want (to have) some sunshine.

The more emphasis on **ville**, the stronger the will:

Jeg *vil* ikke nordpå!
I don't *want* to go north!

The less emphasis on **ville**, the closer the utterance comes to indicating mere future:

Hvis du tager sydpå, så vil jeg tage til Norge.
If you go south, then I'll go to Norway.

Reading text 1

Just a short letter to introduce you to basic letter writing. We suppose that you know that one of the children's favourite figures lives in Greenland (**Grønland**), the Danish island near the North Pole (**Nordpolen**)!

Kære julemand!
Jeg ønsker mig en lillebror i julegave.
Kærlig hilsen
Elise.

Vocabulary

lillebror   baby brother
julemand   Father Christmas

Useful phrases 4

Brevskrivning **(Letter writing)**

In spite of the advance of e-mail, letters (**breve**) are still used! Here is how to compose an informal letter and address an envelope. At the top right-hand corner of the letter most people just write the name of their town, followed by a comma and the date. The date can be written in several ways. Here are two suggestions:

Køge, den 3.9.2004.
Køge, den 3. september 2004.

The greeting consists of either **Kære** or **Hej** + the name of the receiver + an exclamation mark.

Kære Jørgen!
Hej mor!

There are of course also several ways of finishing the letter:

Kærlig hilsen	Love from
Venlig hilsen	Yours sincerely
Mange hilsener	Best wishes (= many greetings)

Crosses for kisses are not generally used by Danish letter writers.

Many people tend these days to leave out all titles on envelopes (**konvolutter**), but there are titles if you want them:

Hr. (an abbreviation for **herr**)	Mr
Fru	Mrs
Frk. (an abbreviation for **frøken**)	Miss
Fr.	Ms

These titles are then followed by the person's full name, or initials + surname:

Fru Pamela Nielsen
Fru P. Nielsen

People's occupational titles are often used instead of or with the above titles:

Direktør A.W. Petersen
Gartner Jens Hermansen

If you want to address an envelope to a couple you could follow any of the following patterns:

Pamela og Jørgen Nielsen
Professor P. Hansen og frue

Remember that the house number comes after the name of the street:

Sputnikvej 17

And the area code precedes the town:

4600 Køge

To people living on the second floor in a block of flats, the address will be:

Langegade 45²

And if they live behind the door to the right on a landing a mini **th** (= **til højre**) is added to the tiny number two, and to people behind the left door **tv** (= **til venstre**) should be written. Also, it is customary to write the name of the sender on the back of the envelope.

Exercise 3

Can you spot a mistake in each sentence?

1 Pamela vil gerne til Sydeuropa, fordi han elsker solen.
2 Jørgen vil gerne rejser til Norge.
3 Jeg trænger på en kop kaffe nu.
4 Jeg syner, at Køge er en dejlig by.
5 Her er to brev til Martin.

Dialogue 4

Martin and Nina are discussing what to do when their cousins from England arrive for a short stay.

MARTIN: Hvad skal vi lave, når Mary og John kommer?
NINA: Det ved jeg ikke. Det har jeg ikke tænkt på endnu.
MARTIN: Hvad med at køre en tur til Sverige?
NINA: Og hvad?

The Tivoli

Øresundsbroen – the bridge between Sweden and Denmark

MARTIN: Så har de været i Sverige, og så har de prøvet Øresunds-
          broen.
NINA: Det er jeg ikke sikker på, de har lyst til. Hvad med
          Tivoli?
MARTIN: Det gider jeg ikke. De har også været i Tivoli mange
          gange.
NINA: Ved du hvad? Der er forresten snart en pop-koncert i
          Roskilde. Jeg tror næsten, det er den weekend.
MARTIN: Fin ide! Den er jeg med på. Det er lige sådan noget,
          jeg kunne have lyst til.

Vocabulary

Ved du hvad?	Do you know what?
Den er jeg med på.	That suits me fine.
Det er jeg ikke sikker på.	I'm not sure about that.
Det har jeg ikke lyst til	(see below)
prøve	try
snart	soon

In expressions such as **Det ved jeg ikke**, Danish has a tendency to
put **det** right at the beginning of the sentence.

Other examples:

Det tror jeg ikke.
I don't think so.

Det gider jeg ikke.
I can't be bothered.

Det har jeg ikke tænkt på endnu.
I haven't thought of that yet.

Det kan du ikke mene.
You can't mean that.

Useful phrases 5

How to express inclination or enthusiasm

To express inclination use **at have lyst til** + infinitive with **at** or a noun:

Jeg har lyst til at køre til Sverige en dag.
I feel like going to Sweden for a day.

Jeg har ikke lyst til at tage i Tivoli.
I don't feel like going to Tivoli.

Jeg har ikke lyst til fisk I dag.
I don't feel like having fish today.

Gide (**gider**, **gad**, **gidet**), 'to be bothered', refers mainly to the lack of enthusiasm, and it will normally be associated with a negative or a question. The verb connected with it will appear in the infinitive with or without **at**:

Jeg gider ikke (at) tage i Tivoli.
I can't be bothered going to Tivoli.

Where **gider** has already been used negatively or in a question, it can be used affirmatively as well, combined with **godt**:

Jeg gider ikke tage i Tivoli, men jeg gider godt køre til Sverige.
I can't be bothered going to Tivoli, but I wouldn't mind going to Sweden.

Exercise 4

Make a list of what you feel like doing and what you cannot be bothered to do during your holidays. Make sentences by combining the columns – or make your own:

Jeg har lyst til Jeg gider ikke	spille ligge glemme skrive drikke se prøve spise	ved stranden fjernsyn golf fisk alt om arbejde champagne at male breve

Dialogue 5 🖸

Pamela is suggesting to Jørgen that they should have an evening out.

PAMELA: Skulle vi ikke gå i biografen i aften? Der går sådan en god film.
JØRGEN: Det bliver svært. Jeg har lovet at spille badminton med Philip.
PAMELA: Kan han ikke finde en anden at spille med?
JØRGEN: Måske. Jeg skal spørge ham.
PAMELA: Kunne Martin ikke erstatte dig?
JØRGEN: Jo, hvis han gider.
PAMELA: Kan du ikke spørge ham?

Vocabulary

erstatte dig	take your place
finde (vb)	find
love (vb)	promise
måske	perhaps
spørge	ask
svær	difficult

Useful phrases 6

Making suggestions

Skulle and **skulle ikke**, **kunne** and **kunne ikke** conform closely to the English 'should/shouldn't' and 'could/couldn't' when making suggestions:

> **Skulle vi ikke gå i biografen?**
> **Kunne Martin ikke erstatte dig?**

The use of the past tense of **skulle** and **kunne** suggests a little more reticence on the part of the speaker than the use of the present would do. Again, this is close to English usage.

Exercise 5

Using **skal** or **skulle**, suggest to somebody that the two of you do the following:

> Example: watch television tonight
> **Skal/Skulle vi ikke se fjernsyn i aften?**

1 go to the theatre
2 drive to Germany
3 have (Danish: drink) a cup of coffee
4 go home
5 buy a new kitchen

Language point

The declension of nouns ending in -er

A sizeable group of nouns ending in **-er** – mainly denoting nationality or deriving from verbs – adds the regular **-e** to form the plural. However, this group loses the **-e** again when the definite article is added:

en dansker	**danskeren**	**danskere**	*danskerne*
en lærer	**læreren**	**lærere**	*lærerne*
en bager	**bageren**	**bagere**	*bagerne*

Exercise 6

Using the glossary at the back of this book write down both plural forms of the Danish for the following nouns:

1 fisherman
2 Swede
3 painter
4 butcher
5 technician
6 politician

Reading text 2

A letter from Pamela to a Danish friend of hers

Kære Hanne!

Det har været en frygtelig dag. Jeg havde hovedpine hele dagen i København, og hjemme kom jeg op at skændes med Nina. Det lykkedes mig også at komme op at skændes med Jørgen, da vi talte om vores sommerferie. Han vil til Norge for at se midnatssolen, og det gider jeg ikke. Så gik jeg på posthuset med en pakke til mor, og det tog en hel time. Der var så mange mennesker, der ventede. Da jeg kom hjem, spurgte jeg Jørgen, om vi ikke skulle gå i biografen. Jeg trængte til at komme væk fra det hele. Men det lykkedes mig heller ikke. Han skulle spille badminton. Nu tager jeg en sovepille og går i seng!

Jeg håber du har det godt.

Kærlig hilsen
Pamela

Vocabulary

Jeg kom op at skændes med Nina.	I started quarrelling with Nina.
Der var så mange mennesker, der ventede.	There were so many people waiting.
Jeg trængte til at komme væk fra det hele.	I needed to get away from it all.
Det lykkedes mig heller ikke.	I didn't succeed in that either.

håbe	hope	pakke	parcel
posthus	post office	sovepille	sleeping pill
gå i seng	go to bed		

Exercise 7

Write a letter to a close friend. Make suggestions as to what you'd like the two of you to do in your holidays, for instance: **Jeg vil gerne til Italien**.

Exercise 8

What might you say if someone said the following to you?

1 God weekend!
2 Undskyld!
3 Jeg kan ikke oversætte det.
4 Jeg vil gerne have nogle (some) rundstykker.

Test yourself

1 Would you please go to bed!
2 They will have to move the table.
3 She won't eat my food.
4 I feel like visiting your aunt today.
5 I can't be bothered going to Odense again.
6 Shouldn't we pay Martin now?

9 Skål!

Cheers!

This unit deals with:

- Danish table manners
- Expressing promises and assurances
- **Det** as a formal subject
- Expressing what you dare do
- Expressing regret

Dialogue 1 🔲

Jørgen's parents are having lunch with Pamela and Jørgen.

FARMOR: Må jeg bede om smørret, Jørgen?
JØRGEN: Ja, værsgo. (*Til sin far*) Undskyld jeg rækker over!
FARMOR: Vil du også række mig osten?
JØRGEN: Ja, gerne. Vil du ikke have en snaps til osten?
FARMOR: Nej tak. Jeg tror ikke, jeg kan tåle flere.
JØRGEN: Du har lidt i glasset endnu, far. Skål, far! Drik ud!
FARMOR: Kom nu ikke for godt i gang, I to!

Vocabulary

Må jeg bede om smørret?	Could I ask for the butter?
Værsgo!	Here you are!
Undskyld jeg rækker over!	Excuse me reaching across!
Skål!	Cheers!
Kom nu ikke for godt i gang!	Don't get too carried away!
glas	glass
tåle	stand

Dialogue 2

Lunch seems to be drawing to a close.

PAMELA: Der er ikke mere brød. Jeg henter lige lidt.
FARFAR: La' vær' med det. Vi er mætte allesammen.
PAMELA: Er du sikker på det?
FARFAR: Jeg kan ikke spise mere i hvert fald.
(De andre nikker også)
PAMELA: Så siger jeg velbekomme.
FARFAR: (*rejser sig*) Tak for mad. Det var en dejlig frokost.
PAMELA: Nu skal vi have noget kaffe. Det er på termokanden.
FARFAR: Dejligt! Men skal vi ikke lige tage ud af bordet først?
PAMELA: Nej, det gør Nina og Martin.

Vocabulary

brød	bread
frokost	lunch
Jeg er mæt.	I've had enough (to eat).
nikke	to shake one's head, nod
rejse sig	to get up
termokande	thermos jug
Velbekomme!	(see below)

Useful phrases 1

Table manners

Asking for food:

Vil du række mig . . .	Would you please pass me . . .
Må jeg få . . .	Could I have . . .
Må jeg bede om . . .	Could I have . . . / Could I ask for . . .

General politeness:

Det smager dejligt.	It is/tastes lovely.
Undskyld jeg rækker over.	Excuse me reaching across.

Although you would usually not ask people to pass you things at table, this last phrase is used a lot, as it is a common custom in Denmark to help yourself to the food on the table.

The Danish word **skål** can be used in much the same informal way as the English 'Cheers', but it also has its more ritual uses. At dinner it is customary never to drink wine before the host has raised his glass and said **skål**. Later, individual participants may well raise glasses and toast each other with a **skål**.

At the end of a meal a polite visitor may say:

Jeg er mæt.	I've had sufficient (= I am full up).
Jeg kan ikke spise mere.	I can't eat any more.
Det var dejligt.	That was lovely.
Tak for mad!	Thank you (= Thank you for food)

And to this thank you, the hostess will answer

Velbekomme.	May it do you good.

Mæt means 'full', and it is perfectly good Danish to say **Jeg er mæt**, while many English speakers would prefer to say: 'I've had sufficient' or 'I've had enough'. Strangely enough 'I've had enough' translated literally into the Danish **Jeg har fået nok** can easily be perceived as meaning that you certainly don't want any more of that stuff! And although **fuld** means 'full' in other contexts, you should never say **Jeg er fuld**, which simply means 'I'm drunk!'.

A foreigner may find the phrases **Tak for mad** and **Velbekomme** a little odd, but their use has also become a sort of ritual and they are widely used, also within the family. Everyone will say **Tak for mad** at the end of a meal, and the hostess or the host will reply with '**Velbekomme**'.

Velbekomme on its own is also used in a different context. If you pass people who are eating, for instance in a picnic area, or if you enter a private room (but not a restaurant!) where people are having a meal, you greet them with **Velbekomme**, which they in their turn will acknowledge with a **Tak**, without interrupting their meal.

Exercise 1

Insert the following food and drink under the headings below. You may have to look some of the words up in the glossary:

æbler, danskvand, franskbrød, gulerødder, kaffe, kager, kartofler, laks, løg, makrel, oksesteg, ost, pærer, rugbrød, rundstykker, rødspætter, rødvin, smør, snaps, sodavand, te, tomater, torsk, vindruer, wienerbrød, æbler, øl

Drikke-varer	Frugt	Grøntsager	Kød og fisk	Brød og kager	Mælke-produkter

Sodavand is a fizzy drink, and **danskvand** is soda water.

Exercise 2

Jeg kan bedre lide æbler end pærer means 'I prefer apples to pears'. Construct similar sentences of comparison using some of the words above.

Dialogue 3 ▮▮

It is after lunch. The visitors have left.

PAMELA: Sikke et rod i køkkenet nu!
JØRGEN: Ja, men jeg skal nok hjælpe dig.
PAMELA: Vil du fylde opvaskemaskinen, mens jeg sætter maden væk?
JØRGEN: Selvfølgelig.
PAMELA: Det var dejligt.
JØRGEN: Jeg er ked af, at far spildte kaffe på tæppet.
PAMELA: Det skal du ikke tænke på. Det skal nok gå af.
JØRGEN: Jeg er bange for, der bliver en stor plet.

Vocabulary

Sikke et rod!	What a mess! (see more about **sikke** in Unit 16)
selvfølgelig	of course, naturally
spilde	spill
tæppe	carpet
Det vil gå af.	It will come off.
Jeg er bange.	I'm afraid.
plet	patch

Useful phrases 2

Expressing promises or assurances

skal + **nok** together with another verb in the bare infinitive express a promise or an assurance:

A promise: **Jeg skal nok hjælpe dig.**
I'll help you all right.

An assurance: **Det skal nok gå af.**
It'll come off all right.

Exercise 3

Translate the Danish part of these sentences. Use **Jeg skal nok** . . .
if you are beginning the sentence, and (**så**) **skal jeg nok** . . . if you
are finishing it. (Note that with an 'if-sentence' in front, the **jeg** and
skal are inverted.)

  Example: If you'll tell me what to write, (**skrive/brev**).
     . . . skal jeg nok skrive brevet.

1 If you'll bake a cake, (**spise/den**).
2 (**betale/avis**), if you'll fetch it for me.
3 (**købe/hus**), if I win the National Lottery.
4 If only you'd stop fussing, (**finde/nøgle**).
5 If you'd like me to do it, (**hjælpe/din bror**).
6 (**blive hjemme**), if you will stop smoking.

Exercise 4

Answer the following questions according to your own taste:

1 Hvad vil du gerne have til morgenmad?
2 Hvad spiser du til frokost?
3 Hvad vil du gerne have til middag?
4 Kan du lide øl?
5 Hvad synes du om spiritus?
6 Drikker du kaffe om aftenen?

Exercise 5

Imagine you and your friends are going out to have a proper three-
course meal, consisting of **en forret** ('a starter'), **en hovedret**
('a main course') and **en dessert**. You find a restaurant to your
taste. How do things then progress? Put the following sentences
in the right order:

1 Vi spiser forretten.
2 Vi bestiller maden.
3 Vi spiser desserten.
4 Vi ser på menukortet.
5 Vi betaler regningen.
6 Vi går ind i restauranten.
7 Vi beder om regningen.

8 Vi går ud af restauranten.
9 Vi spiser hovedretten.
10 Vi finder et bord og sætter os ned.

Dialogue 4 ▣

Knud's news

It is early evening. Martin's friend Knud has just arrived. He suggests that the two of them go out to have a beer. He has something to tell Martin.

KNUD: Vil du ikke med ud at have en øl? Jeg har noget at fortælle dig.
MARTIN: Jo, hvorfor ikke?
KNUD: Jeg har aftalt med Jesper, at vi mødes klokken ni i 'Ølstuen'. Han skulle lige hen på netkaféen først.
MARTIN: Kommer Annie også?
KNUD: Nej, det var det, jeg ville fortælle dig. Hun har slået op med ham.
MARTIN: Det var sørens! De har ellers været kærester længe.
KNUD: Ja, men nu er hun begyndt at komme sammen med Kasper fra sportsklubben.
MARTIN: Kasper? Det er ham med det røde hår, ikke?
KNUD: Jo, ham der var kæreste med Inge sidste år.
MARTIN: Det går hurtigt, hvad?
KNUD: Ja, han skifter kæreste hvert år!
MARTIN: Hvad siger Jesper til det?
KNUD: Han er ked af det. Han var meget glad for Annie.

Vocabulary

aftale	arrange, agree
skifte	change
hår	hair
kæreste	boyfriend, girlfriend
sportsklub	sports club

Annie har slået op med Jesper.	Annie has broken up with Jesper.
Annie kommer sammen med Kasper.	Annie is seeing Kasper.
Det var sørens! (mild expletive)	Blimey!

Language point

Det as a formal subject

Det is used as a formal subject very much in the same way as 'it' (or 'that') is, in English:

Det er Annie, der har slået op med Jesper.
It is Annie that has broken up with Jesper.

Any adjective referring to **det** must appear in the **t**-form:

Det er smukt.
It is beautiful.

Det er sent.
It is late.

However, distances require **der**:

Der er 38 km fra Køge til København.
It is 38 kilometres from Køge to Copenhagen.

Exercise 6

Translate the following. If you need help in constructing the **t**-form, consult Unit 6:

1 It is finished.
2 It is French.
3 It is wrong.
4 It is not far from Denmark to Germany.
5 It is slow.
6 It is modern.

Dialogue 5 ▣

Martin is talking to Knud about a family trip to England.

KNUD: Skal I allesammen til Oxford her i foråret, som I plejer?
MARTIN: Ja, mor vil altid så gerne til England i påsken.
KNUD: Flyver I til Stansted?
MARTIN: Vi flyver slet ikke. Mor tør ikke flyve. Hun har altid været bange for det.
KNUD: Hvad gør I så? Sejler til Harwich?
MARTIN: Ja. Det er faktisk ikke så dyrt, når man er fire i bilen.
KNUD: Det er da godt, hun tør sejle. Ellers kom hun aldrig til England igen!
MARTIN: Nåh, der er jo tunnellen under Kanalen.

Vocabulary

flyve	to fly
foråret	spring
Kanalen	the Channel
som I plejer	as you usually do
sejle	to sail
slet ikke	not at all
tunnel	tunnel
tør ikke flyve	dare not fly

The inserted **jo** in the last line can best be translated by 'you know' or 'of course' and is quite commonly used. It signals that what is said is already known and agreed by the speaker as well as by the person spoken to.

Useful phrases 3

Expressing what you dare do

Turde (tør, turde, turdet) and possibly **godt** + a bare infinitive express what you dare do. Likewise, of course, together with **ikke** it tells what you dare not do:

Hun tør godt sejle.
She dare sail.

Hun tør ikke flyve.
She dare not fly.

Exercise 7

Combine the following to make sentences. Follow the word order pattern, taking special notice of the last group of words. They are a type of adverbial phrase called prepositional phrases and consist of a preposition (i.e. **i**, **over**, **til**, etc.) and a nominal (i.e. a noun, or a noun + its adjective), and they belong under A.

F	v	n	a	V	N	A
Hun	tør	–	ikke	flyve	–	over Nordsøen

			køre	over Nordsøen
			flyve	computeren
Jeg	tør	godt	gå	champagne
		ikke	bruge	til tandlæge
			drikke	under Kanalen

Example: Jeg tør ikke drikke champagne.

Useful phrases 4

Regretting

Desværre, literally meaning 'unfortunately', is used to express regret for something you are unable to do and often corresponds to 'I'm afraid/sorry':

Jeg kan desværre ikke komme.

Desværre kan jeg ikke komme.

Jeg er bange for, jeg ikke kan komme.
I'm afraid/sorry I can't come.

Det kan jeg desværre ikke huske.
I'm afraid/sorry I can't remember that.

Exercise 8

Translate these sentences using **Jeg er bange for** or **desværre**:

1 I'm afraid I can't find home.
2 I'm afraid I don't understand French.
3 I'm afraid I can't do it.
4 I'm afraid we have to go home now.
5 I'm afraid I haven't any cash.
6 I'm afraid I can't wait.

Reading text

Danske spisevaner (Danish eating habits)

Mange danskeres morgenmad består af et stykke (*a piece of*) rugbrød eller franskbrød med ost. Dertil (*on top of that*) drikker man et glas mælk, en kop te eller en kop kaffe. Mange spiser dog muesli, cornflakes eller yogurt i stedet for brød, for det er hurtigere. Og mange snyder helt (*totally*) med morgenmaden, fordi de skal skynde sig. Søndag morgen er lidt speciel. Så går man til bageren. Bagerne åbner klokken 7, og hos dem kan man ikke blot (*only*) købe morgenbrød, men også søndagens morgenaviser.

Frokosten spiser man næsten aldrig hjemme. Børnene har madpakke (*packed lunch*) med i skole, og forældrene, der er på arbejde, spiser tit (*often*) deres frokost i en kantine (*kanteen*). Frokostpausen (*lunch break*) ligger som regel mellem 12 og 1, og ikke som i England mellem 1 og 2.

De fleste familier spiser varm (*hot*) mad om aftenen ved seks-tiden (*about six o'clock*). Men det er blevet svært at samle (*gather*) hele familien ved den tid. I mange hjem har sport og tv ødelagt (*spoilt*) den traditionelle middag omkring bordet.

Note the lack of 'of' in combinations like these:

et stykke brød, et glas mælk, en kop kaffe.

Exercise 9

True or false?

1 Mange drikker en kop te om morgenen.
2 Muesli er hurtig morgenmad.
3 Man kan købe aviser hos bageren.
4 Børnene spiser aldrig i skolen.
5 Ved seks-tiden spiser de fleste familier middag.
6 Alle sidder omkring bordet til middag.

Pronunciation practice 🔲

Må jeg bede om saltet?
Må jeg bede om salaten?
Vil du række mig brødet?
Vil du række mig smørret?
Vil du have kaffe eller te?
Bruger du sukker?
Bruger du fløde i kaffen?
Vil du ikke have et stykke kage til?

Vocabulary

fløde	cream
salat	salad/lettuce
salt	salt
sukker	sugar

Test yourself

1 Would you pass me/Could I ask for the cheese, please?
2 I prefer Køge to Copenhagen.
3 I'll drink the red wine (i.e. if you don't want it).
4 It's cheap to sail.
5 I dare not buy an expensive coat.
6 I'm sorry I forgot the meeting.

10 Så er det weekend!

Weekend ahead!

This unit deals with:

- Expressing moral duty
- How to talk about things that must be done
- Colours
- Object pronouns ('me', 'you', 'him' . . .)
- Reflexive pronouns ('myself', 'yourself' . . .)

Dialogue 1 🔲

Jørgen talks to Pamela, who is on her way out of the house.

JØRGEN: Skal du i byen?
PAMELA: Ja, vi mangler mælk og brød.
JØRGEN: Vil du tage et taletidskort med hjem til mig?
PAMELA: Ja. Et til hundrede eller til to hundrede kroner?
JØRGEN: Tag du bare et til to hundrede.
PAMELA: Du bør holde op med at tale så meget i mobil. Jeg tror virkelig, det er farligt.
JØRGEN: Prøv du at sige det til Martin eller Nina. De bestiller ikke andet.
PAMELA: Det kan godt være. Men du burde selv gå foran med et godt eksempel!

Vocabulary

burde	ought to	**for eksempel**	for instance
farlig	dangerous	**mangle**	need
prøve	try	**virkelig**	really
Det kan godt være.	That might well be.		

Exercise 1

The expression 'Stop it!' in Danish is either **Hold op**! or **Hold op med det**! Use the expression with these verbs:

1 ryge (*smoke*) **Hold op med at ryge!** (*Stop smoking!*)
2 slå (*hit*) ham
3 bande (*swear*)
4 give dem penge
5 lyve
6 synge så højt

Useful phrases 1

How to express moral duty

Burde (**bør, burde, burdet**) + a bare infinitive expresses a moral duty:

> **Du bør holde op med at tale så meget i mobil.**
> You ought to stop talking so much on the mobile.

The past tense (**burde**) is mainly used when mentioning things people ought to do or not to do – but where they do not conform to their duty:

> **Du burde selv gå foran med et godt eksempel!**
> You ought to lead with a good example.

Exercise 2

Translate this male chauvinist's views on how his partner ought to behave, using **Hun bør** or **Hun bør ikke/aldrig**:

1 She ought to wash my car every day.
   Hun bør vaske min bil hver dag.
2 She ought to make my bed.
3 She ought to remember the answerphone.
4 She ought never to forget her keys.
5 She ought not to use my computer.
6 She ought not to eat onions.

Dialogue 2

At home with the Nielsens, just after breakfast on a Saturday. Pamela and Jørgen are planning their day.

PAMELA: Der er mange ting, der skal gøres i dag.

JØRGEN: Som hvad for eksempel?

PAMELA: Der skal ryddes op i garagen i denne weekend. Det aftalte vi.

JØRGEN: Nåh ja.

PAMELA: Og min bil skal vaskes, og fortovet bør fejes.

JØRGEN: Martin burde have fejet fortovet i går, men OK, det klarer jeg, hvis du tager garagen.

PAMELA: Hvad med din bil? Skal den ikke hentes fra værkstedet i dag?

JØRGEN: Nej, den er ikke færdig før i næste uge.

PAMELA: Og klokken tolv skal jeg til frisøren. Jeg skal klippes.

Vocabulary

Det klarer jeg.	I'll see to that.	**frisør**	hairdresser
feje	sweep	**fortov**	pavement
klippes	to have one's hair cut	**rydde op**	to tidy up
		Som hvad?	Like what?

Note that the Danish word **garage** (**-n**, **-r**) means the place where you keep your car at home. The place where you have it serviced is called **værksted** (**-et**, **-er**).

Language point 1

Talking about things that have to be done, using the passive infinitive

Active infinitive: Jørgen *will wash* the car.
Passive infinitive: The car must (or has to) *be washed*.

Danish transitive verbs have two infinitive forms. Up to now we have only dealt with the *active infinitive*. The *passive infinitive* is constructed merely by adding **-s** to it. English has no equivalent form, but uses 'to be' + the past participle instead.

Infinitive (active)		Passive infinitive	
vaske	wash	**vaskes**	be washed
feje	sweep	**fejes**	be swept

Just as the (active) infinitive combines with modal verbs (see Unit 6), so does the passive infinitive:

Active sentence	Passive sentence
Jørgen skal vaske Pamelas bil.	**Bilen skal vaskes.**
Martin bør feje fortovet.	**Fortovet bør fejes.**

Exercise 3

Find solutions to the problems, using the following verbs:

betale, drikke, fejre, finde, sende, spise, vaske

1 Jørgens kørekort er væk.
2 Regningerne er ikke betalt.
3 Der er stadig (still) noget rødvin i flasken (the bottle).
4 Æblerne er snart gamle.

5 Brevet ligger stadig på bordet.
6 Tøjet er snavset (dirty).
7 Det er min fødselsdag i morgen.

Extend your vocabulary

Farver (Colours)

The main colours are:

rød red **orange** orange **gul** yellow **grøn** green
blå blue **brun** brown **lilla** purple **hvid** white
grå grey **sort** black

The 'in-betweens' are created by putting the names of the two colours concerned together:

blågrøn
gråbrun

For lighter colours use **lyse-**:

lysegul
lysegrøn

For darker colours use **mørke-**:

mørkerød
mørkeblå

Exercise 4

What am I talking about?

1 Det er hvidt, og man mangler (miss) det, hvis det ikke er i maden.
2 Det er gult, og det smelter (melts), når det står i solen.
3 Det er sort, og jeg kan ikke sove, hvis jeg drikker det om aftenen.
4 De er næsten hvide, og jeg græder, når jeg skærer (cut) dem.
5 Det er rødt, og vegetarer (vegetarians) vil ikke spise det.
6 Det er lysebrunt, og man kan drikke det. Det findes på flaske eller i dåse (tin, can).

Exercise 5

Hvilken farve har . . . ? What colour is . . . ?

A curious feature of Danish is that when asking about the colour of something, the verb used is just as often **have** as **være**, whereas when stating a colour, the verb must be **være**. English, of course, says 'is' in each case.

Answer the following questions in Danish, and begin your answers with **den**, **det** or **de**. Remember also to inflect the adjectives accordingly:

1 Hvilken farve har en mus?   **Den er grå.**
2 Hvilken farve har himlen?
3 Hvilken farve har gulerødder?
4 Hvilken farve har solen?
5 Hvilken farve har et rugbrød?

Hvilken, **hvilket** and **hvilke** in front of a noun all mean 'what' or 'which'. However, they are felt to be a bit heavy, and are often replaced by **hvad for en**, **hvad for et** and **hvad for nogle**, all according to the gender and the number of the nouns to which they are attached:

> **Hvilken** (or: **hvad for en**) **dag var det?**
> Which day was it?

> **Hvilket** (or: **hvad for et**) **nummer har de?**
> What number have they got?

> **Hvilke** (or: **hvad for nogle**) **aviser er gode?**
> Which newspapers are good?

Dialogue 3 ▄▄

Pamela is working at the computer, but suddenly wants help.

PAMELA: Hvor er Martin?
JØRGEN: Jeg har lige set ham. Han var ude i haven.
PAMELA: Kald lige på ham. Han skal hjælpe mig.
JØRGEN: Med hvad? Kan jeg ikke klare det?
PAMELA: Det tror jeg ikke. Der er et eller andet galt med computeren.
JØRGEN: Lad mig se på den! Hvad er der i vejen?

PAMELA: Jeg var inde på internettet, og nu tror jeg, jeg har fået en virus. Værktøjslinjen er væk.

JØRGEN: Ikke andet? Det er ikke en virus. Du har trykket på en eller anden tast.

PAMELA: Bestemt nej. Skærmen så bare pludselig sådan ud.

JØRGEN: Så har du gjort et eller andet. Lån mig musen!

PAMELA: Jeg kan ikke lide det skriveprogram.

Vocabulary

Bestemt nej.	Certainly not.
Hvad er der i vejen?	What's wrong?
Jeg skal nok klare det.	I'll do it or I'll manage.
Pludselig	suddenly
skærm	screen
skriveprogram	word processing package
tast	key (on keyboard)
værktøjslinje	tool bar

Exercise 6

En eller anden or **et eller andet**, specifying some or something unknown, can function both as an adjective and a pronoun. As an adjective it will always follow the gender of its noun.

en eller anden tast = Some key – as **tast** is **en tast** (common gender).

Der er et eller andet galt = **Der er noget galt**

Here **et eller andet** has the value of a pronoun, meaning 'something'.

Use the expression as in the example given:

1 Paul kommer (dag). **Paul kommer en eller anden dag.**
2 Han har (kæreste) med.
3 Hun kommer fra (sted) i Tyskland.
4 Hun har (gave) med til dig.
5 Jeg tror, jeg har sagt (something) galt.
6 De har fortalt Pamela (something) om mig.

Language point 2

Object forms of personal pronouns

Object personal pronouns are used as the object of a verb or after a preposition:

> Direct object: I saw *him*.
> Indirect object: I gave *him* a book.
> With a preposition: I looked at *him*.

The Danish object pronouns are:

Singular		Plural	
mig	me/myself	**os**	us/ourselves
dig/Dem	you/yourself	**jer/Dem**	you/yourselves
ham	him	**dem**	them
hende	her		
den/det	it		
sig	himself, herself, itself	**sig**	themselves

In general, none of these pronouns should cause any problems, except perhaps **sig** (see below under *reflexive pronouns*).

> **Han skal hjælpe mig.**
> (**mig** is the direct object)

> **Kan jeg ikke hjælpe dig.**
> (**dig** is the direct object)

Lån mig musen.
(**mig** is the indirect object)

Kald lige på ham.
(**ham** appears combined with a preposition)

Dem is the object form of **De**:

Skal jeg hjælpe Dem med kufferten, hr Olsen?
Can I help you with your suitcase, Mr Olsen?

The use of English and Danish pronouns differs in one important
case: whether you prefer 'It is I' or 'It is me', the only way of
saying it in Danish is **Det er mig**.

Exercise 7

Insert object pronouns:

1 Anna kommer i aften. Jeg skal hente _____ ved toget.
2 Vi så Karen i toget, men hun så ikke _____
3 Martin må være Jørgens søn. Han ligner _____ meget.
4 Der er ikke flere æbler tilbage. Jeg har spist _____
5 I kommer meget sent. Vi har ventet på _____
6 Jeg skriver altid til jer, og I skriver aldrig til _____

Language point 3

Reflexive pronouns

Here is a reflexive pronoun: She saw *herself* in the mirror.

Reflexive pronouns are used in sentences where the subject and
the object are the same person. They are actually the same as the
object forms of the personal pronouns except for the 3rd person
singular and plural, where **sig** must be used:

Jeg skar mig.
I cut myself.

Han slog sig.
He hurt himself.

Børnene morede sig.
The children enjoyed themselves.

Make sure you understand the difference between the following:

Nina slog sig.
Nina hurt/hit herself.

Nina slog hende.
Nina hurt/hit her (= some other female).

The indeclinable **selv** can be added to all these reflexive pronouns, but only for the sake of special emphasis:

Jeg skar mig selv.   I cut myself (and nobody else!)

In English verbs the reflexive pronoun is left out, particularly in verbs describing actions that people normally do to themselves. This does not happen in Danish:

Jeg vasker mig aldrig.
I never wash.

Du har ikke barberet dig.
You haven't shaved.

Jørgen satte/lagde sig ned.
Jørgen sat/lay down.

Pamela rejste sig.
Pamela got up (from a sitting position).

Man skal forholde sig roligt.
One must keep calm.

Vi keder os.
We are bored.

I skal skynde jer.
You must hurry.

De giftede sig.
They got married.

Exercise 8

Translate the following into Danish:

1 The children were bored.
2 We sat down at the kitchen table.
3 He washed this morning.
4 They must hurry.

5 The dog lay down under the table.
6 You must get up from your chair, when they come.
7 I hurt myself on the bathtub.
8 They lay down on their beds.

Reading text 🔲

Fra Pamelas dagbog

Lørdag.
Jeg stod op (got up) omkring klokken 7. Det var dejligt vejr, så jeg gik til bageren efter morgenbrød i stedet for at tage bilen. Da jeg kom hjem, var både Jørgen og børnene oppe. Martin plejer ellers at sove længe (have a lie in) i weekenden, men han skulle til badminton-turnering klokken 10. Nina havde også travlt. Hun skulle til København med Louise.

Om formiddagen vaskede Jørgen min bil og fejede fortovet, mens jeg ryddede op i garagen. Jeg var også hos damefrisøren at blive klippet.

Til frokost tog vi os en øl og en snaps, og om eftermiddagen (in the afternoon) gik vi en lang tur i strålende (bright) solskin. Om aftenen spiste vi middag hos Jørgens forældre. Jørgens mor havde lavet en dejlig flæskesteg (pork roast), og Jørgens far havde som sædvanlig (as usual) en speciel fransk rødvin, som vi skulle prøve.

Formiddag needs just a little explaining. Danish has two terms, both of which are covered by the English 'morning'. **Morgen** takes you up to about 9.30–10.00, after which you talk of **formiddag**. In fact, **formiddag** corresponds entirely to the Scots 'forenoon', a word that English sadly lacks.

There is a further effect of this. Whereas the English will say 'good morning' at any time up to midday, the Danes will only say **Godmorgen** until about 9.30, after which they will say **Goddag**.

Exercise 9

Change these statements using **plejer at**:

1 Sædvanligvis/Normalt (usually) sover Martin længe.
Martin plejer at sove længe.

2 Normalt taler de fransk sammen.
3 Sædvanligvis er det godt vejr i maj.
4 Normalt spiser vi klokken 6.
5 Sædvanligvis vasker hun (does her washing) om mandagen.

Exercise 10

Write down things that you have to do during a normal day. Use *Jeg skal* . . . or *Jeg bliver nødt til at* . . . Also write down things that you find somebody else ought to do. Use *Du bør* . . . or *Du burde* . . .

Test yourself

1 You ought to help him.
2 The bills must/have to be paid.
3 Can you hear me?
4 It was a good film. I saw it yesterday.
5 My brother was unlucky. He cut himself.

11 Hvad vil du være?

What do you want to do?

This unit deals with:

- Adverbs with two forms (**ud/ude, hjem/hjemme** ...)
- Translating 'to think'
- Short answers
- More on word order (adverbs in subordinate clauses)

Dialogue 1 🔊

Looking for Jørgen, a pupil's mother talks to another teacher at the school.

MODEREN: Undskyld, du ved vel ikke, hvor Jørgen Nielsen er henne?

LÆREREN: Jeg tror, han er inde på lærerværelset.

MODEREN: Nej, der har jeg lige været. De andre lærere siger, han gik ud for fem minutter siden.

LÆREREN: Er han nede i den anden skolegård?

MODEREN: Nej, der var ingen lærere der, da jeg kom.

LÆREREN: Så er det muligt, at han er oppe i kantinen. Han spiser måske frokost nu.

MODEREN: Hvor ligger kantinen?

LÆREREN: Oppe på tredje sal. Trappen er derhenne.

MODEREN: Tak. Jeg prøver at gå derop.

LÆREREN: Det kan selvfølgelig være, han er gået hjem.

Vocabulary

det kan være	it could be, perhaps (see Exercise 1 below)
lærerværelse	staff room
minut	minute
mulig	possible
på tredje sal	on the third floor
skolegård	school yard, playground
trappe	staircase
vel	I suppose

For words like **ud**, **derhenne**, **inde**, **derop** and **nede**, see Language point 1 below.

Exercise 1

Det kan godt være is another way of saying **måske**, expressing possibility. Answer the questions below, following the example:

1 Hvor er Jørgen? (hjemme)
Det kan godt være, han er hjemme.
(He is probably at home)

2 Hvor er Pamela? (i København)
3 Hvor er Martin henne? (spille badminton)

4 Hvorfor gik han hjem? (var syg)
5 Hvorfor flytter de til England? (trætte af Danmark)
6 Hvorfor købte de ikke huset? (for dyrt)

Language point 1

Ten special adverbs

Adverbs: Jørgen is *probably not* in the canteen.

In any language adverbs are anything but a homogeneous group. Some people simply define them as being the words left over when the more easily defined groups such as nouns, verbs, adjectives and prepositions are taken out of a text. However, Danish has a group of ten adverbs which do not all have a direct equivalent in English, and we'd better take a closer look at them here, because they are frequently used:

op	up, upwards	**oppe**	up
ned	down, downwards	**nede**	down
ud	out, outwards	**ude**	out
ind	in	**inde**	inside
hen	over, across	**henne**	over, across
over	over	**ovre**	over
frem	forwards	**fremme**	at the front
hjem	home	**hjemme**	at home
om	over	**omme**	over
bort	away	**borte**	away

1 The first thing to know about these adverbs is that when standing alone:

(a) those in the first column above indicate movement:

> **Han gik ud for fem minutter siden.**
> He went out five minutes ago.

(b) those in the second indicate position:

> **Han er ikke hjemme.**
> He is not at home.

2 However, the adverbs will also be used together with many prepositions in order to be more precise about direction. When used in this way:

(a) those in the shorter form tell of the direction in which a movement is taking place. They indicate movement from one area to another:

Han gik måske ned i skolegården.
Perhaps he went down into the playground.

(b) those in the longer form tell us in which direction we can find the place where something is happening. The movement will be taking place in a single area, in this case the playground:

Han går måske nede i skolegården.
Perhaps he's walking around in the playground.

All forms of these adverbs can be combined with **der-** 'there' or **her-** 'here':

derop	up there	**derhenne**	over there
herhjemme	here at home		

Exercise 2

Insert the shorter or the longer form of the adverbs in brackets:

1 De gik _____ af restauranten. (ud/ude)
2 Har du ikke lagt pengene _____ i din taske. (ned/nede)
3 Hvornår skal jeg være _____ igen? (hjem/hjemme)
4 Nina skal _____ i aften. (ud/ude)
5 Vi stod _____ omkring klokken. (op/oppe)
6 Nina er _____ hos Louise. (hen/henne or over/ovre)
7 Vi kan ikke blive enige om, hvor vi vil _____ i år. (hen/henne)
8 Vil du tage et taletidskort med _____ til mig? (hjem/hjemme)

Dialogue 2 ▮▮

Nina's plans for the future

*Jørgen asks Nina about what she intends doing when she has finished her years in the '***folkeskole***' (the Danish primary and lower secondary school). She says she wants to go to* **gymnasiet** (*high school*), *and from there – after* **et friår** (*a gap year*) – *on to* **universitetet** (*the university*) *to study medicine.*

JØRGEN:	Har du tænkt på, hvad du vil, når du nu bliver færdig med niende klasse?
NINA:	Ja, jeg vil videre i gymnasiet.
JØRGEN:	Det regnede jeg også med. Jeg synes, det er det bedste for dig.
NINA:	Og så tror jeg, jeg vil have et friår. Louise og jeg vil gerne ud at rejse.
JØRGEN:	Jaja! Det vil alle jo. Og hvad så bagefter?
NINA:	Så vil jeg på universitetet.
JØRGEN:	Du tænker stadig på at blive læge engang?
NINA:	Ja. Tror du ikke, jeg kan klare det?
JØRGEN:	Jo, selvfølgelig kan du det. Du er jo god til at tænke. Men medicin er et meget krævende studium.
NINA:	Du synes ikke, det er dumt af mig?
JØRGEN:	Nej, jeg synes, det er en god ide. Men jeg tror, det er et krævende job at være læge.
NINA:	Jeg kan ikke forestille mig noget bedre.

Vocabulary

Jeg kan ikke forestille mig.	I can't imagine.
Det regnede jeg med.	I thought so.
Jeg er færdig med det.	I've finished that.

bedre	better	**bedst**	best
dum	silly, stupid	**niende klasse**	ninth form
krævende	demanding	**læge**	(medical) doctor
læse videre	go on to further study	**medicin**	medicine
		studium	study

Language point 2

Translating 'to think' can be quite tricky. Here are the possibilities:

(a) If 'think' means 'exercise the mind', use **tænke**.

> **Du er jo god til at tænke.**
> You are good at thinking.

> **Jeg tænker på at blive læge.**
> I'm thinking of becoming a doctor.

(b) If 'think' means to be of an opinion, use **synes**:

> **Jeg synes, det er en god ide.**
> I think it's a good idea.

(c) If 'think' means 'believe', use **tro** or **mene**:

> **Jeg tror, jeg vil have et friår.**
> I think I'll have a gap year.

> **Tror/Mener du ikke, jeg kan klare det?**
> Don't you think I can manage?

(d) Finally, if 'think' means 'to imagine' or 'to have formed a conception of', use **forestille sig**:

> **Jeg kan ikke forestille mig noget mere spændende.**
> I can't think of anything more exciting.

Exercise 3

Use **tænke**, **tro**, **synes** or **forestille mig** to complete the sentences:

1 Jeg _____ , vi har et dejligt hus. Jeg kan godt lide det.
2 Jeg _____ , vi får en lang sommer. Det er allerede varmt nu.
3 Jeg kan ikke _____ en bedre ven end Knud.
4 Jeg _____ , vi skal gå i biografen i aften. De spiller en god film.
5 Jeg kan ikke _____ i dag. Jeg er træt i hovedet.
6 Jeg _____ , jeg vil gå i seng nu. Det har været en lang dag.
7 Jeg _____ , der er rart i Norge. Jeg har været der mange gange.
8 Jeg har lyst til at se Tyrkiet. Jeg kan ikke _____ , hvordan der er.
9 Min kone kan godt lide Elvis. Jeg _____ , han er frygtelig at høre på.
10 Vi arbejder og arbejder, og jeg _____ , vi bliver færdige før marts.

Exercise 4

Rewrite the text, using the past tense of the verbs in brackets.

En stor dansker (A great Dane)

Nikolaj Frederik Grundtvig (1 blive) født i 1783. Han (2 være) søn af en præst og (3 studere) selv teologi ved Københavns Universitet. Senere (4 blive) han præst og (5 arbejde) ved forskellige kirker i København, hvor han (6 gå) omkring i byen på samme tid som Kierkegaard* og H.C. Andersen**.

Grundtvig (7 have) mange andre interesser end teologien. Han (8 være) også politiker og digter. Han (9 skrive) omkring 1300 salmer. Nogle (10 skrive) han selv, andre (11 oversætte) han fra latin eller græsk.

I 1843 (12 rejse) han til England og (13 bo) en tid i Cambridge. Her (14 få) han ideen til den danske folkehøjskole.

Grundtvig (15 være) en mærkelig mand. Han (16 gå) for eksempel aldrig i seng, men (17 sidde) og (18 sove) i en stol i stuen. Han (19 gifte) sig tre gange og (20 få) sit sidste barn, da han (21 være) over 80 år! Han (22 dø) i 1872 og ligger begravet i Køge ved siden af sin anden kone.

Notes

* Kierkegaard: Søren Aabye Kierkegaard, the great Danish philosopher.
** H.C. Andersen: this is the way Danes always refer to Hans Christian Andersen ('Hans Andersen'), the world-famous writer of fairy tales.

Vocabulary

begravet	buried	**digter**	poet
døde	died	**folkehøjskole**	folk high school
født	born	**forskellig**	different
græsk	Greek	**interesse**	interest
kirke	church	**latin**	Latin
mærkelig	strange	**præst**	vicar/priest/ clergyman
salme	hymn		
samme	same	**stol**	chair
studere	study	**teologi**	theology

Useful phrases 1

Short answers

Short answers are very commonly used in both English and Danish. The main difference in the construction is that Danish always introduces the answers with **det**.

In answers to questions starting with a form of **at have**, **at være**, or one of the modals (**at kunne**, **at skulle**, **at ville**, **at måtte**) the verb is repeated:

Question	Short answer
Har du en øl?	**Ja, det har jeg.** Yes, I have.
Er den kold?	**Ja, det er den.** Yes, it is.
Må jeg få den?	**Nej, det må du ikke!** No, you may not!

In answers to questions starting with any other verbs, **at gøre** ('to do') replaces the verb. It will also be preceded by **det**, and must agree with the tense of the original verb:

Question	Short answer
Vasker du tit din bil?	**Ja, det gør jeg.** Yes, I do.
Vaskede du bilen i går?	**Nej, det gjorde jeg ikke.** No, I didn't.

The rules above also apply to questions with **hvem** as the subject:

Question	Short answer
Hvem vil hjælpe mig?	**Det vil jeg.** I will.
Hvem betalte?	**Det gjorde jeg.** I did.

Exercise 5

Refer back to the text about Grundtvig and answer the following questions with short answers. Make sure also to use **nej/ja/jo** correctly! (See Unit 3.)

1 Var Grundtvig præst? **Ja, det var han.**
2 Studerede han medicin?
3 Boede han i København?
4 Skrev Grundtvig ikke salmer?
5 Oversatte han også?
6 Rejste han til England i 1853?
7 Var han gift fem gange?
8 Fik han sit sidste barn, da han var over 80 år?
9 Er han ikke begravet i Køge?

Language point 3

The position of ikke and other adverbs in subordinate clauses

Ikke is placed differently in subordinate clauses from in the simple sentences we have dealt with up to now. (Subordinate clauses are clauses that cannot stand alone and are often introduced by words like **som, der, fordi, når, da** and **hvis**.)

Here is the word pattern for simple sentences, as you already know it. In the first example the subject is fronted, emptying n, while in the second an adverbial phrase takes up the space under F, pushing the subject back to its 'home' under n:

F	v	n	a	V	N	A
Jørgen	**spiser**	–	**ikke**	–	**frokost**	**hjemme**
I går	**spiste**	**Jørgen**	**ikke**	–	**frokost**	**hjemme**

And here is the pattern for a subordinate clause. C is the slot for the indicator of the subordinate clause, and F has disappeared, as nothing can be fronted in a subordinate clause. But note that v, n and a have rearranged themselves, while V, N and A still appear in the original order.

C	n	a	v	V	N	A
fordi	han	ikke	spiste	–	frokost	hjemme
som	han	ikke	har	set	–	–

Exercise 6

Put the words in the subordinate clauses in the right order. Begin the subordinate clause with the word in italics:

1 Pamela skal i byen,
 (de/*fordi*/har/ikke/i huset/mælk)
2 Jørgen skal feje fortovet,
 (det/*fordi*/Martin/har gjort/ikke)
3 Jørgen kan ikke hente sin bil endnu,
 (den/*fordi*/er færdig/ikke)
4 Jørgen er måske i kantinen,
 (er/han/*hvis*/ikke/i skolegården)
5 Rødvinen skal drikkes i dag,
 (bliver/den/for gammel/ikke/ *så*)
6 Jørgen plejer at lave maden,
 (er/hjemme/ikke/*når*/Pamela)

Exercise 7

We have dealt with several different professions now. Can you combine the persons in the left column with the things they do as mentioned in the second column?

1 Bageren	arbejder med penge
2 Bankassistenten	hjælper gamle mennesker
3 Damefrisøren	sælger *(sells)* brød og kager
4 Fiskehandleren	kommer med gaver til rare *(nice)* børn
5 Hjemmehjælpen	ser til syge mennesker
6 Julemanden	skriver breve for direktøren
7 Lægen	sælger torsk og rødspætter
8 Sekretæren	klipper *(cuts)* og vasker hår

Pronunciation practice 🔲🔲

Pakken ligger inde i stuen.
Skal jeg gå ind og tage den?
Der er nogen nede i kælderen.
Nu skal jeg gå ned og se efter, hvem det er.
Løb lige hen i kiosken efter nogle cigaretter!
De har ingen cigaretter derhenne.

Vocabulary

cigaretter	cigarettes
derhenne	over there
kiosk	kiosk
løbe	run

Reading text 🔲🔲

Det danske skolesystem (The Danish school system)

Danske børn begynder at gå i skole, når de er omkring 6 år. I det første år går de i børnehaveklasse (nursery school). Året efter kommer de i første klasse i Folkeskolen, og først nu begynder undervisningen i læsning (reading) og matematik (arithmetic). Undervisning i fremmedsprog begynder tidligt. Mange steder lærer eleverne (the pupils) engelsk fra de er 8 år. Engelsk er næsten alle steder det første fremmedsprog (foreign language).

Når eleverne har gået ni år i Folkeskolen, kan de gå ud af skolen. Men mange går videre i tiende klasse, som er den sidste klasse i Folkeskolen.

Efter Folkeskolen fortsætter (move on) nogle elever på handelsskoler (commercial colleges) eller lignende (the like), mens andre går i gymnasiet eller på HF-kursus (Higher Preparatory Course) og så videre til universitetet.

Ungdomsskoler (continuation schools/colleges) og aftenskoler (evening schools) er også meget populære (popular) og har mange kurser (courses).

Exercise 8

True or false?

1 Børnene går to år i børnehaveklasse.
2 I børnehaveklassen læser og regner børnene.
3 Mange ni-årige børn lærer engelsk.
4 Man skal gå i skole i mindst *(at least)* ni år i Danmark.
5 I gymnasiet lærer man kun gymnastik *(gymnastics)*.
6 Der er mange aftenskolekurser.

Test yourself

1 He is in the room.
2 He went into the room.
3 I can't think today.
4 I think I'll go home.
5 Have you got a bike? Yes, I have.
6 Does he watch TV? Yes, he does.
7 If he doesn't answer the phone, he is in the garden.

12 Hvordan bliver vejret?

What is the weather going to be like?

This unit deals with:

- Weather forecasts
- The translation of 'many', 'few', much', 'a little' and 'more'
- Danish countable nouns that are not necessarily countables in English
- Comparison of adjectives (for instance, good – better – best)

Dialogue 1 ▨

Saturday morning. Knud has just arrived to fetch Martin. They are going camping with some friends for the weekend.

KNUD: Kommer du?

MARTIN: Ja, lige om et øjeblik. Har du hørt vejrudsigten?

KNUD: Ja, den er ikke for god. Regn og kulde.

MARTIN: Ja, det forbavser mig ikke! Sådan går det altid. Når vi er på arbejde, er der ikke en sky på himlen. Og når det bliver weekend, så regner det. Jeg hader at ligge i telt i regnvejr.

KNUD: Hold nu op! Vi skal ikke ødelægge turen for de andre.

MARTIN: Har du selv lyst til at tage af sted?

KNUD: Nej, jeg havde mest lyst til at blive liggende i min seng, da jeg vågnede. Men det kan jo ikke hjælpe. Skynd dig nu! Lad os være glade for, at det ikke også stormer!

Vocabulary

Kommer du?	Are you coming?
Det kan jo ikke hjælpe.	There's nothing to be done about that.
forbavse	surprise
mest	most
sky	cloud
telt	tent
vejrudsigt	weather forecast
kulde	cold
selv	-self
Det stormer	It's blowing a gale.
vågne	wake up

Extend your vocabulary 1

Words concerning the weather

regn/regnvejr	rain	**kulde**	cold
storm/stormvejr	storm, gale	**frost**	frost
sne/snevejr	snow	**vind**	wind
torden/tordenvejr	thunderstorm	**skyfri**	clear,
solskin	sunshine		cloudless
svag	light	**varme**	heat
sky	cloud	**grad**	degree

Vejret i Europa:

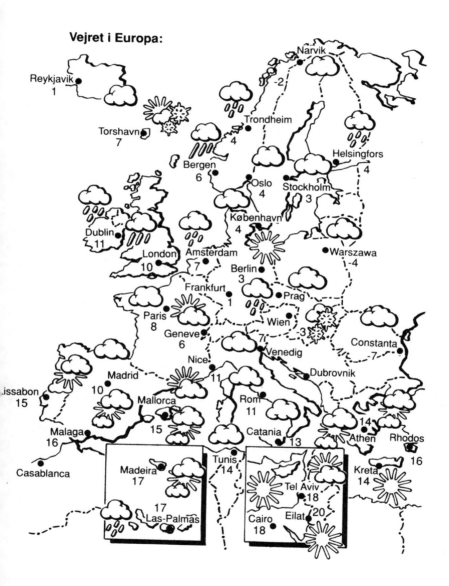

Reading text 1

Read this text and relate it to the map on page 139.

Vejret i Europa

Det sner i Torshavn.
Der er meget regn i England.
Der er lidt regn i Irland.
Solen skinner i Nordtyskland.
Det er overskyet i Italien, Polen og på Island.
Det er letskyet i Spanien og i Grækenland.
Det er ikke varmt i Danmark. Der er kun fire graders varme.
Det er koldt i Nordnorge. Der er to graders frost.

Exercise 1

Combine the phrases so that they make a reasonable weather forecast:

1 Solen skinner	(a) er svag og kommer fra vest eller nordvest.
2 Der er nogle skyer	(b) tyve og femogtyve graders varme i hele landet.
3 Vinden	(c) fra en skyfri himmel.
4 Der er mellem	(d) til regn.
5 Der er ikke udsigt	(e) i Nordjylland og Sydjylland.

- Danes use the plural **nogle skyer** (= 'some clouds') for 'some cloud'.

Language point 1

The easy translation of 'many', 'few', much', 'a little' and 'more'.

1 'Many' (**mange**) and 'few' (**få**) are easy to deal with. They are used in combination with countable nouns (nouns that have both singular and plural forms) in both English and Danish:

mange biler	many cars	**mange skyer**	many clouds
få biler	few cars	**få skyer**	few clouds

2 'Much' (**meget**) and '(a) little' (**lidt**) are just as straightforward, being only used together with uncountables (nouns that have no plural form):

meget regn	much rain	**lidt regn**	a little rain

3 'Fewer' (**færre**) and 'fewest' (**færrest**) are used together with countables:

færre biler   fewer cars

Kun de færreste biler er gule.
Only very few cars are yellow.

Færrest is often used to mean 'very few'.

4 'Less' (**mindre**) and 'least' (**mindst**) follow the same pattern and can only be used together with uncountables:

mindre regn	less rain	**mindst regn**	least rain

5 While English uses 'more' and 'most' with uncountables as well as with countables, Danish distinguishes rigorously. With uncountables you have to use **mere** or **mest**, with countables **flere** and **flest**.

> **mere regn**   more rain

but

> **flere biler**   more cars

> **Det meste smør var dårligt.**
> Most (of the) butter was bad.

but

> **De fleste æbler var dårlige.**
> Most (of the) apples were bad.

Exercise 2

'More than' is **mere end** or **flere end**. Insert **mere** or **flere** in the following sentences:

1 De har _____ børn, end vi har.
2 Hun har læst _____ bøger, end jeg har.
3 Der er _____ turister i London end i Norwich.
4 Jeg har _____ familie, end du har.
5 Jeg spiller _____ golf, end han gør.
6 Der er _____ dage i maj end i juni.
7 Må jeg få lidt _____ øl?
8 Hunden spiste _____ af kagerne.

Reading text 2

You should now even be able to understand a four-day forecast, admittedly a little simplified, but not totally unlike one spoken on Danish television on a winter's day:

På fredag får vi lidt regn, men der kommer også lidt sne.

Natten til lørdag vil der være lidt frost mange steder.

På lørdag får vi lidt solskin, og der er færre skyer.

På søndag får vi mere regn igen.

På mandag aftager (*decreases*) regnen, men vi får flere skyer.

Temperaturen vil ligge mellem nul og ni graders varme alle fire dage, og vinden går fra sydvest om i nordvest.

Exercise 3

Translate the following, using **Det meste af** or **De fleste af**:

Examples: Most of the work
Det meste af arbejdet

Most of the flowers
De fleste af blomsterne

1 (Most of the bread) var fint.
2 (Most of the Danes) på skibet var trætte.

3 (Most of the schools) i København er gode.
4 (Most of the churches) i Danmark gamle.
5 (Most of the sky) var blåt.
6 Det regner i (most of the country).
7 Der er fine veje i (most of the countries) i Europa.

Language point 2

Unfortunately, a countable noun in English need not be a count-able noun in Danish. Nor are uncountable nouns the same in the two languages. Here are some of the words that might cause you problems:

(a) These nouns are singular in English and plural in Danish:

kontanter	cash
møbler	furniture
oplysninger	information
penge	money

(b) These nouns are plural in English and singular in Danish:

indhold	contents
løn	wages
saks	scissors
trappe	stairs

Exercise 4

Now choose the right word from the brackets and place it in its sentence, but be careful! Check with Language point 2 above:

1 Du kan betale. Du har _____ kontanter, end jeg har. (mere/flere)
2 Det _____ af indholdet var blevet dårligt. (meste/fleste)
3 Jeg vil gerne have nogle _____ oplysninger. (mere/flere)
4 _____ af min mors møbler er meget gamle. (mere/flere)
5 Bare jeg havde _____ penge! (mere/flere)
6 Vi har brugt de _____ af vores penge. (meste/fleste)

Dialogue 2 ▢▢

Dangerous driving conditions

Jørgen is on the phone to his father who wants to go out in the car. It is snowing, the roads are slippery, and the forecast is for more wind later in the day.

JØRGEN: Du må ikke køre ud i bil i det vejr, far! Det er alt for farligt.

JØRGENS FAR: Sikke noget pjat! Den smule sne! Jeg skal nok køre langsomt.

JØRGEN: Der er meget glat på vejene.

JØRGENS FAR: Åh, de kunne være meget værre. Kommunen har været ude med salt.

JØRGEN: Ja tak! Vinden bliver stærkere i eftermiddag, og så begynder det at fyge!

JØRGENS FAR: Jeg har kørt bil i dårligt vejr før, Jørgen! Jeg er ikke bange for en snedrive eller to!

JØRGEN: Du glemmer, du er blevet ældre.

Vocabulary

Den smule sne!	That bit of snow!	**fyge**	drift
glat	slippery	**kommunen**	the local authority
salt	salt	**snedrive**	snowdrift

For **værre**, **stærkere**, **ældre** see below.

Language point 2

Comparison of adjectives

The general rule is to form the comparative by adding **-ere** to the basic form, and the superlative by adding **-est**:

Basic form	Comparative	Superlative
stærk strong	**stærkere** stronger	**stærkest** strongest
kort short	**kortere** shorter	**kortest** shortest

Slightly irregular are the adjectives ending in **-som**, which double the final consonant in the comparative, and those ending in **-ig**, where the middle **-e** of the comparative is omitted in the superlative:

Basic form	Comparative	Superlative
langsom slow	**langsommere**	**langsomst**
hurtig fast, quick	**hurtigere**	**hurtigst**

Adjectives ending in **-et**, and an unstressed **-e** construct the comparative with **mere** and the superlative with **mest**, while many adjectives of three or more syllables have dual forms:

Basic form	Comparative	Superlative
tosset stupid	**mere tosset**	**mest tosset**
moderne modern	**mere moderne**	**mest moderne**
almindelig ordinary	**mere almindelig**	**almindeligst/mest almindelig**

Finally, there are a few adjectives with irregular comparison. Here are the most essential:

Basic form	Comparative	Superlative
lille small	**mindre**	**mindst**
stor large, big	**større**	**størst**
gammel old	**ældre**	**ældst**
ung young	**yngre**	**yngst**
lang long	**længere**	**længst**
god good	**bedre**	**bedst**
dårlig bad	**værre**	**værst**

Exercise 5

Using the comparative, insert the words in brackets in the correct form:

1 Vores fjernsyn var (dyr) end jeres.
2 Han er meget (gammel), end han ser ud til.
3 Mine kager er (god) end dem, man kan købe.
4 Juli er (lang) end juni.
5 Hvorfor er min snaps (lille) end hans?
6 London er (stor) end København.
7 Deres hus er meget (moderne) end vores.
8 Køkkenet i vores hus er (stor) end vores stue.

Exercise 6

Using the superlative, insert the words in brackets in the correct form. Remember also to get the article right!

Example: **Olsens hund er (farlig) på vejen.**
Olsens hund er den farligste på vejen.

1 Bager Jensen har (stor) kager i byen.
2 Det var (kold) vinter i tyve år.
3 Han er (dygtig) lærer, jeg kender.
4 Det er en af (spændende) bøger, jeg har læst.
5 Hun har (mærkelig) måde at synge på.
6 De har (hyggelig) hus, man kan tænke sig.
7 Det er (god) fødselsdag, jeg har haft.

Reading text 3 ▣

The Danish *Titanic*

Den 7. januar 1959 sejlede et nyt dansk passagerskib (*passenger ship*) *Hans Hedtoft* fra København til Grønland. Det var skibets første rejse.

I januar er vejret aldrig godt på Atlanterhavet, og i denne januar var det utrolig dårligt. De fleste passagerer var søsyge (*seasick*) hele vejen. Men den 14. januar nåede skibet frem til Qaqortoq i Sydgrønland. Nu skulle det nordpå til Nuuk, så tilbage til Qaqortoq og derfra igen til København.

Fjorten dage senere var *Hans Hedtoft* igen i Qaqortoq. Nu var det på vej tilbage til Danmark. Vejret var stadig dårligt. Det stormede og sneede så meget, at man næsten ikke kunne laste skibet. Men man blev færdig, og den 29. januar sejlede *Hans Hedtoft* fra Grønland.

Dagen efter var skibet ud for Grønlands sydligste punkt (*point*), Kap Farvel (*Cape Farewell*), i vindstyrke (*wind force*) 10 og snestorm. Der var meget is (*ice*), og sigtbarheden (*the visibility*) var kun en sømil (*nautical mile*). Skibet kunne kun sejle meget langsomt.

Så klokken 13.56 skete katastrofen. *Hans Hedtoft* sejlede ind i et stort isbjerg (*iceberg*). Skibet fik slagside (*took a list*), og alt lys gik ud. Man vidste straks, at situationen var meget farlig.

Der var tre andre skibe i nærheden, og telegrafisten (*the radio operator*) på *Hans Hedtoft* nåede efter en tid at komme i forbindelse med (*make contact with*) en tysk trawler, der hed *Johannes Krüss*. Men det hjalp ikke. Trawleren kunne ikke finde *Hans Hedtoft* i den stærke snestorm. Telegrammerne mellem de to skibe blev mere og mere desperate.

Klokken 17.41 telegraferede *Hans Hedtoft*: 'Vi synker (*are sinking*) langsomt', og det var det sidste, man hørte fra skibet.

Johannes Krüss telegraferede tilbage, men fik ikke flere svar (*answers*). Klokken 18.08 hørte trawleren bare to korte og tre lange signaler.

Hans Hedtoft var sunket. Skibet forsvandt (*disappeared*) med 55 passagerer og 40 søfolk (*sailors*). Alt hvad man senere fandt fra skibet, var en redningskrans (*life buoy*). Den lå på stranden (*the beach*) på Island (*Iceland*) to år senere.

Danish does not use the definite article with the names of ships. The same rule applies to many geographical terms:

Titanic	the Titanic
Volga	the Volga
Antarktis	the Antarctic

But some do have the definite article incorporated in their names:

Themsen	the Thames
Nordsøen	the North Sea
Atlanterhavet	the Atlantic

Exercise 7

Answer the following questions:

1 Hvor sejlede *Hans Hedtoft* fra?
2 Hvor skulle skibet hen?
3 Hvilken tid på året sejlede det?
4 Hvad hed den første grønlandske by, som skibet kom til?
5 Hvordan var vejret, da skibet sejlede fra Qaqortoq til København?
6 Hvad hed den tyske trawler, der fik forbindelse med *Hans Hedtoft*?
7 Hvornår sendte *Hans Hedtoft* sit sidste telegram?
8 Hvor mange ord stod der i telegrammet?
9 Hvad var det sidste, den tyske trawler hørte fra *Hans Hedtoft*?
10 Hvad skete der med passagererne?
11 Hvornår fandt man skibets redningskrans på Island?

Exercise 8

Describe the weather today!

Test yourself

1 He drank most of my coffee.
2 She took most of the cakes.
3 They have more cars than we have.
4 We had more sunshine yesterday.
5 Why is his wife more beautiful than mine?
6 It is one of the oldest houses I have seen.

13 Hvordan ser hun ud?

What does she look like?

This unit deals with:

- Compound nouns like **jul** + **e** + **gave** = **julegave**
- Telling the time
- Expressing agreement and disagreement. ('So do I'. 'Neither do I')
- Describing people
- Offering assistance ('Can/May I . . .')

Dialogue 1 ▣▣

*Jørgen is booking a ticket at the railway station (**stationen/jernbanestationen**) in Køge.*

JØRGEN: Jeg vil gerne have en returbillet til Århus til i morgen. Jeg har et møde der klokken 2.

ASSISTENTEN: Hvornår vil du gerne af sted?

JØRGEN: Ved otte-tiden. Så har jeg god tid.

ASSISTENTEN: Du skal med et regionaltog herfra, og de har allesammen forbindelse med Intercitytoget fra Roskilde til Århus.

JØRGEN: Ja, det ved jeg godt. Er der lang ventetid i Roskilde?

ASSISTENTEN: Der er et tog herfra klokken 7.41. Det giver dig 16 minutter til at skifte i.

JØRGEN: Den er fin.

ASSISTENTEN: Du skal have en pladsbillet fra Roskilde til Århus. Rygere eller ikkerygere?

JØRGEN: Ikkerygere.

ASSISTENTEN:	Vinduesplads eller gangplads?
JØRGEN:	Vinduesplads.
ASSISTENTEN:	Vil du have en stillekupe?
JØRGEN:	Ja tak, så bliver jeg fri for alle de mobiltelefoner.

Vocabulary

Hvornår vil du gerne af sted?
When would you like to go?

assistent	assistant	**blive fri for**	avoid
gangplads	gangway seat	**intercitytog**	Inter City train
ved otte-tiden	(see below)	**pladsbillet**	(see below)
regionaltog	regional train	**returbillet**	return ticket
ryger	smoker	**stillekupe**	quiet compartment
vinduesplads	(see below)	**ventetid**	(see below)

Language point 1

Compounds

Danish often makes use of compounds where English prefers to write two separate words: regional train = **regionaltog**. Most compounds consist of noun + noun, and the two are normally combined in one of the following three ways:

1 noun + noun: **plads + billet = pladsbillet**
   seat ticket

2 noun + s + noun: **vindue + s + plads = vinduesplads**
   window seat

3 noun + e + noun: **gæst + e + værelse = gæsteværelse**
   guest room

Compounds can also consist of verb + noun or adjective + noun:

vente wait + **tid** time   **ventetid** waiting time

In all cases the compound takes its gender from its last component:

en pladsbillet, because **billet** is common gender

et gæsteværelse, because **værelse** is neuter.

Exercise 1

Remembering the article as well, make compounds of the following components. The first three can be directly combined, the following three need **-s-** in the process, and the last two should be combined with **-e**:

1 dame (-n, -r) + frisør (-en, -er)
2 køkken (-et, -er) + bord (-et, -e)
3 sne (-en) + storm (-en, -e)
4 taletid (-en) + kort (-et, -e, -ene)
5 vindue (-et) + plads (-en, -er)
6 nytår (-et, –) + dag (-en, -e)
7 jul (-en, -e) + gave (-en, -er)
8 opvask (-en) + maskine (-en, -er)

Dialogue 2 🔲

Jørgen is booking a plane ticket from Copenhagen to Stansted by phone.

JØRGEN:	Jeg vil gerne have en returbillet til Stansted til i overmorgen.
ASSISTENTEN:	Der er ikke flere pladser. Alt er udsolgt.
JØRGEN:	Hvad så med i morgen?
ASSISTENTEN:	Ja, der er nogle enkelte tilbage. Men det er til fuld pris. De billige billetter skal bestilles en uge i forvejen.
JØRGEN:	Det er der ikke noget at gøre ved. Jeg har et møde i Norwich på onsdag.
ASSISTENTEN:	Der er plads på afgangen 16.30 i morgen.
JØRGEN:	Godt. Hvordan er forbindelsen til Norwich fra Stansted?
ASSISTENTEN:	Jeg tror, der er bus hver time, men jeg har ingen køreplan her.
JØRGEN:	Det gør heller ikke noget.
	(After the ticket has been paid)
ASSISTENTEN:	De kan hente billetten ved vores kontor i lufthavnen. Og husk endelig at komme i god tid. Der har været lange køer hele ugen i afgangshallen, både ved check-in og ved sikkerhedskontrollen.

Vocabulary

afgang	departure	**afgangshal**	departure lounge
billig	cheap	**busser**	buses
nogle enkelte	a few	**i forvejen**	beforehand
kø	queue	**køreplan**	timetable
lufthavn	airport	**pris**	price
sikkerhedskontrol	security		

Extend your vocabulary

A few more words connected with travelling:

check-in	check-in
enkeltbillet	single ticket
ikkeryger	non-smoking
perron	platform

Exercise 2

Match the parts of the following dialogues:

1 Jeg vil gerne have en billet
til København.

2 Hvad koster den?

3 Hvornår kører
Intercitytoget?

4 Hvor afgår toget fra?

5 Kan jeg få en vinduesplads?

6 Tager I American Express?

7 Farvel og god weekend!

(a) Perron 2

(b) De kan lige nå det. Det
afgår om 4 minutter.

(c) Nej, der er kun
gangpladser tilbage.

(d) Enkelt eller retur?

(e) Nej, vi tager kun imod
Visa.

(f) Tak, i lige måde.

(g) To hundrede kroner.

Useful phrases 1

Telling the time

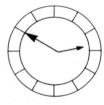

**Den er
10 minutter
i 3**

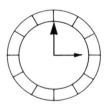

Den er 3

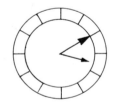

**Den er
10 minutter
over 3**

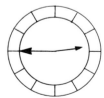

**Den er kvarter/
kvart i 3**

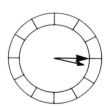

**Den er kvarter/
kvart over 3**

 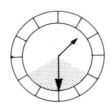 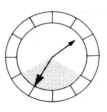

Den er   **Den er halv 2**   **Den er**
5 minutter   **5 minutter**
i halv 2   **over halv 2**

Illustrations courtesy of Torun Gjelstrup

- In Danish the half-hour works forwards, not backwards. **Halv ti** means 'half past nine' (half way to ten). Do not confuse this with the English 'half ten', which in Danish must be **halv elleve**.

- For times between twenty past and twenty to the hour Danes normally relate the time to the half hour.

- In contrast to the English 'at', the Danish **klokken** can be omitted when speaking of minutes to or after the hour or half-hour, but never when speaking of the full hour:

  Vi kommer klokken 4.
  Vi kommer ti minutter over 4.

- Danes have no signs for 'a.m.' and 'p.m.'. If necessary they use the expressions **om formiddagen** ('in the morning') and **om efter-middagen** ('in the afternoon').

- Corresponding to the English 'seven twenty-five', Danes have **syv-femogtyve**.

- **Lidt i tolv** means 'a little before twelve', and **lidt over tolv** 'a little after twelve'.

Godt tolv can these days mean both 'a little before twelve' and 'a little after twelve'!

Useful phrases 2

Danish and English do not always use the same verbs and prepositions in connection with transport. When talking in general about using forms of transport use **tage** and **med**:

Jeg tager altid med bus/tog/fly til Tyskland.
I always go by bus/train/air to Germany.

The Danish **ride** – however similar to the English 'ride' – is only used when horses are the means of transport mentioned!

Han red til byen.
He rode to town (on horseback).

But **Han kørte på cykel.**
He rode his bike.

Remember that **at gå** only means 'to walk'.

Useful phrases 3

Expressing agreement and disagreement

Det gør/kan/vil jeg også.
= So do/can/will I.

Det gør/kan/vil jeg heller ikke.
Neither do/can/will I.

Exercise 3

Match the statements to the right answers:

1 Jeg vil ud at rejse til sommer. (a) Det er jeg også.
2 Min søster er bange for   (b) Det skal vi også.
  at flyve.
3 Mine forældre skal på ferie   (c) Det vil jeg også.
  i næste uge.
4 Hun kommer ikke på arbejde   (d) Det kan jeg heller ikke.
  i morgen.
5 Jeg kan ikke drikke stærk   (e) Det gjorde jeg heller ikke.
  kaffe.
6 Jeg gad ikke komme til   (f) Det gør jeg heller ikke.
  mødet.

Dialogue 3 ▣

Jørgen has promised to fetch Mette, a Norwegian friend of Pamela's, from the station.

JØRGEN: Hvornår tror du, hun er her?
PAMELA: Hun må komme med S-toget lige før 12. Hun landede i Kastrup klokken halv elleve.
JØRGEN: Så kan hun ikke være her før efter tolv.
PAMELA: Hvis hun ikke er med toget klokken 11.58, så kan du da vente, til det næste tog kommer ti minutter senere.
JØRGEN: Og hvordan ser hun ud? Jeg kender hende ikke, og der er hundrede af mennesker med det tog!
PAMELA: Hun er lille og tynd. Og så har hun kort lyst hår.
JØRGEN: Hvis ikke det er farvet!
PAMELA: Hun farver ikke sit hår, men hun plejer altid at se meget smart ud. Lårkorte kjoler og høje hæle.
JØRGEN: Det lyder spændende!
PAMELA: Og hun ved, at det er dig, der henter hende.
JØRGEN: Og hvordan har du beskrevet mig for hende?
PAMELA: At du er en ganske almindelig mand at se på: hverken særlig smuk eller særlig grim, hverken høj eller lille, hverken tyk eller tynd, med musegråt hår og altid i en gammel jakke.
JØRGEN: Mange tak skal du have! Hun må være imponeret over dit valg!

Vocabulary

beskrevet	described	**farvet**	coloured, dyed
ganske	totally	**grim**	ugly
hæl	heel	**halv**	half
hverken – eller	neither – nor	**imponeret**	impressed
kjole	dress	**jakke**	jacket
landede	landed	**lårkort**	ultra-short
musegrå	mousy grey	**særlig**	specially
smart	smart	**tyk**	thick
tynd	thin	**valg**	choice

Exercise 4

Here are two columns of single words that can be used for describing people or things. Pair the words in column one to their opposites in column two:

1	gammel	langsom
2	kedelig	dårlig
3	lang	grim
4	stor	ung
5	mæt	tynd
6	hurtig	lille
7	smuk	spændende
8	tyk	sulten
9	god	kort

Exercise 5

Complete the sentences with time expressions. Try not to use only full-hour expressions, and fit in words like **omkring**, **før**, **efter**, and **mellem**:

1 Jeg plejer at stå op _____
2 Jeg spiser morgenmad mellem _____
3 Jeg går på arbejde _____
4 Jeg spiser frokost _____
5 Jeg er færdig med mit arbejde _____
6 Jeg spiser middag _____
7 Jeg går i seng _____

Dialogue 4 ▢▢

At the station Jørgen approaches somebody who looks like Mette.

JØRGEN: Du må være Mette, ikke?
METTE: Jo. Og du er Pamelas mand?
JØRGEN: Ja, ham der hverken er lille eller stor, eller tyk eller
        tynd! – Har du haft en god tur?
METTE: Ja, fin. Vi landede til tiden, og resten er gået nemt nok.
JØRGEN: Må jeg tage din kuffert?
METTE: Ja tak. Men jeg kan godt selv. Den er ikke så tung.

JØRGEN: Nu tager jeg den og lægger den ind i bagagerummet. Bilen holder her.

(Opens the door to the front seat (forsædet) *for Mette)*

METTE: Må jeg ikke godt sidde på bagsædet? Det lyder dumt, men jeg er bange for at sidde foran.

JØRGEN: Selvfølgelig kan du det.

(Opens the door to the back seat (bagsædet))

METTE: Jeg var involveret i et uheld for nogle år siden, og jeg har været lidt bange for at køre i bil siden.

Vocabulary

bagagerum	boot (in a car)
kuffert	suitcase
lægge	lay
få lov	(see below)
for nogle år siden	some years ago
tung	heavy
uheld	accident

Useful phrases 3

Offering assistance

'May I . . .' can be translated into **Må jeg . . .** , **Må jeg få/have lov til at . . . .** **Kan jeg** . . . is also often heard, but as that can also mean 'Am I able to . . .', it is probably best avoided till you feel quite confident that you are expressing what you intend to say!

> **Må jeg (få/have lov til at) tage din kuffert?**
> Can I take your suitcase?

Reading text 1

Transport i Denmark

Transporten i Danmark har forandret sig meget i de senere år. Tidligere skulle man sejle over Storebælt, og det gjorde rejsetiden fra Jylland til Sjælland en time længere. Nu er der en 19 km lang bro, Storebæltsbroen. Den var den længste bro i verden, da den blev bygget, men nu har Japan en, der er længere! Der er også ny bro over Øresund fra København til Sverige.

Der er intercitytog og regionaltog til alle dele af Danmark, og der er masser af busser, som alle er godt koordineret med togene. I og omkring København er der også et specielt tog – S-toget.

Den største danske lufthavn ligger i Kastrup, 10 km fra Københavns centrum. De vigtigste af de mindre lufthavne ligger ved Esbjerg, Viborg og Århus i Jylland.

Cyklen er også et meget almindeligt transportmiddel i Danmark. Selv midt i København cykler mange mennesker til arbejde.

Vocabulary

bro	bridge	**bygge**	build
centrum	centre	**del**	part
forandre	change	**koordinere**	coordinate
masser af	lots of	**rejsetid**	travelling time
transportmiddel	means of transport	**verden**	world

160

Exercise 6

Complete this dialogue by making questions to go with the answers:

A: Vi skal snart på ferie.
B: _____?
A: Til Spanien.
B: _____?
A: På et hotel i Madrid.
B: _____?
A: Fra den tredje til den tyvende juli.
B: _____?
A: Nej, jeg er bange for at flyve. Vi kører i vores bil.
B: _____?
A: Nej, vi taler kun engelsk. Men det kan de godt forstå i Spanien.

Reading text 2

Danmark som ferieland (Denmark as a holiday country)

Danmark er det ideelle ferieland: det er ikke stort, vejene er gode, og naturen er varieret. Der er fortidsminder, gamle bygninger, og der er ny arkitektur. Der er historiske domkirker i for eksempel Ribe og Roskilde, og der er imponerende slotte som Kronborg og Frederiksborg i Nordsjælland.

Hvis man er interesseret i at more sig, er der også mange steder at tage hen. Der er Tivoli i København, og Legoland, der ligger i nærheden af Esbjerg i Jylland. Og masser af unge deltager i Roskilde-festivalen hver sommer.

Danmark har også fine strande. Ikke mindst kysten langs Jyllands vestkyst er et ideelt sted at holde sommerferie.

Vocabulary

arkitektur	architecture	**bygning**	building
deltager	participant	**domkirke**	cathedral
fortidsminde	ancient monument	**historisk**	historical

ideel	ideal	**kyst**	coast
langs	along	**natur**	nature
slot	castle	**strand**	beach
ung	young	**varieret**	varied

Language point 2

Sentences with 'if'

Hvis equals the English 'if', and is used in the same way:

> **Hvis man vil more sig, er der mange steder at tage hen.**
> If you're interested in having fun, there are many places you can go.

Inverted word order (inverting the subject and the verb) is sometimes used to the same effect:

> **Vil man more sig, er der mange steder at tage hen.**

Exercise 7

Match the clauses to make sentences:

1 Hvis det regner,

    (a) vil jeg ikke have noget at spise.

2 Hvis bilen koster 200.000 kroner,

    (b) vil jeg gerne i teateret.

3 Hvis vi skal have fisk til middag,

    (c) er den for dyr.

4 Hvis jeg ikke kan få en taxa,

    (d) kan du låne af mig.

5 Hvis vi kan få billetter,

    (e) så køber vi en ny.

6 Hvis du ikke har nogen penge,

    (f) vil jeg ikke ud af huset.

7 Hvis hunden dør,

    (g) så kan jeg gå derhen.

Test yourself

1 It is three o'clock.
2 It is half past six.
3 It is twenty minutes to eight.
4 It is a quarter past one.
5 I hate rain. – So do I.
6 Can/May I help you?

14 Vil du med?

Do you want to come with me?

This unit deals with:

- Asking and giving directions
- Giving rough estimates
- How to translate 'this', 'that', and 'these'
- Adjectives and nouns ending in **-el**, **-en**, **-er**
- How to translate 'to know'
- How to make and respond to an offer
- How to ask and express an opinion
- How to show preference

Dialogue 1 ▣

Jørgen is on his way out in the car, and Nina, who is busy, asks him if he can take a dictionary, that she has borrowed, back to Louise.

JØRGEN: Kan du ikke selv gøre det?

NINA: Hun bor helt ude i den anden ende af byen, og du har bilen!

JØRGEN: OK. Fortæl mig så, hvordan jeg finder hende!

NINA: Det er simpelt nok. Du skal først ned til havnen.

JØRGEN: OK. Og skal jeg dreje til højre eller til venstre dernede?

NINA: Du skal til højre, når du kommer over jernbanen. Vejen drejer lidt, og så er der en damefrisør nede i en kælder til højre. Og på venstre hånd er der en bager på et hjørne.

JØRGEN: Ja, den bager kender jeg godt.

NINA: Du skal ned ad den sidevej ved bageren. Den hedder
           . . .
JØRGEN: Skidt være med det. Jeg glemmer navnet alligevel. Jeg
           drejer til venstre ved bageren. Og hvor langt skal jeg
           så?
NINA: Du skal bare forbi en 4–5 huse. Louise bor i nummer
           16. Det er et gammelt hus på højre hånd med en have
           foran.
JØRGEN: Er du sikker på, hun er hjemme nu?
NINA: Ja, ellers kan du bare lægge bogen ind i garagen. Den
           er altid åben.

Vocabulary

ad	along	**dreje**	turn
ende	end	**forbi**	past
havn	harbour	**hjørne**	corner
jernbane	railway	**navn**	name
sidevej	side road	**simpel**	simple
åben	open		

Useful phrases 1

To give a rough estimate, use **cirka**, **omtrent**, **omkring** or **en** with
a dash:

en 4–5 huse
(about) four or five houses

en 3–400 meter
(about) three or four hundred metres

cirka/ca./omkring fem minutter
about five minutes

Exercise 1

Match the questions to the right answers:

1 Hvornår spiser danskerne   (a) 19 kilometer.
  middag?
2 Hvor arbejder Nina?   (b) En 15–20 kroner.

3 Hvorfor skal Jørgen tage
  Louises bog med?
4 Hvor længe varer *(lasts)* en
  almindelig film?
5 Hvor lang er broen over
  Storebælt?
6 Hvor meget koster en kop
  kaffe på en café?

(c) Ved seks-syv tiden.

(d) Hun går i skole.

(e) Nina siger, hun har travlt.

(f) Cirka to timer.

Language point 1

Demonstrative pronouns and adjectives

Demonstrative adjectives: *This/That* house is mine.
Demonstrative pronouns: *This/That* is an old house.

Common gender	Neuter	Plural
den/denne (her) this	**det/dette (her)** this	**de/disse (her)** these
den (der) that	**det (der)** that	**de (der)** those

her (here) and **der** (there) are optional and mainly used for emphasis, but they also show that the main difference between the two sets of demonstratives is one of proximity:

Den bager kender jeg.
I know that baker.

Det er ikke den bog, det er denne her!
It is not that book. It is this one!

Denne, **dette** and **disse** are more frequently used in written than in spoken language, where you tend to use **den her** or **det her** or **de her** instead when pointing out something close to you, and **den der** or **det der** or **de der** when referring to something further away.

Exercise 2

Change the sentences following the model, using **den her**, **det her** or **de her**:

> Example: **Det var en dejlig frokost.**
> **Den her frokost var dejlig.**

1 Det er et meget koldt kontor.
2 Det er meget gamle stole.
3 Det er en besked til dig.
4 Det har været en meget dyr sommerferie.
5 Det er min fars penge.
6 Det er den varmeste sommer, vi har haft.

Language point 2

Adjectives and nouns ending in -el, -en and -er

The inflection of adjectives ending in **-el**, **-en** and **-er** varies slightly from the rules you learned in Unit 11. When inflecting, they drop the **-e** before adding another one. Let us look at three adjectives that we have dealt with in the dialogue above:

Basic form	t-form	e-form
simpel simple	**simpelt**	**simple**
åben open	**åbent**	**åbne**
sikker sure, safe	**sikkert**	**sikre**

And this is how their comparison goes:

Basic form	Comparative	Superlative
simpel	**simplere**	**simplest** or **mest simpel**
åben	**mere åben**	**mest åben**
sikker	**sikrere**	**sikrest** or **mest sikker**

Nouns ending in a non-stressed **-el**, **-en** or **-er** behave in the same way. However, they often have dual forms, and – as you already know from Unit 8 – a lot of those ending in **-er** behave in their own particular way.

Indefinite singular	Definite singular	Plural
et kapitel a chapter	**kapitlet**	**kapitler**
en regel a rule	**regelen/reglen**	**regler**
en aften an evening	**aftenen/aftnen**	**aftener/aftner**
en figen a fig	**figenen/fignen**	**figener/figner**

Exercise 3

Choose the right form of the adjective:

1 Der står to (åben/åbent/åbne) flasker på køkkenbordet.
2 Vi boede på et meget (gammel/gammelt/gamle) hotel.
3 Jeg tror, huset er (sikker/sikkert/sikre) nok.
4 Min (gammel/gammelt/gamle) farmor bor i Jylland.
5 Der var mange (sulten/sultent/sultne) hunde i gaderne.
6 Middagen var meget (simpel/simpelt/simple).

Dialogue 2 ▣

It is late morning, and Pamela is out shopping with Mette. They pass an Italian restaurant, and Mette offers to treat Pamela to a light lunch.

METTE: Kender du den italienske restaurant der?
PAMELA: Ja, den er fin. Vi har været der nogle gange.
METTE: Lad os gå derind at få frokost. Jeg giver!
PAMELA: Nej tak. Det går ikke. Jørgen laver frokost til os derhjemme.
METTE: En kop kaffe er der vel tid til? Der ligger et cafeteria derovre.
PAMELA: Jo, det kan vi godt nå. – Åh, satte jeg parkeringsskiven på?
METTE: Det ved jeg ikke. Hvor længe må I parkere her i byen?
PAMELA: Det er forskelligt. Det er tre timer mange steder, men på torvet er det kun én.

Vocabulary

cafeteria   cafeteria
italiensk   Italian
parkeringsskive   parking disk

Parkeringsskiven is a disk always used in Denmark to show the time at which you have parked.

Language point 3

Translating 'to know'

When know means 'to be acquainted with', the Danish translation is **at kende**.

> **Kender du den restaurant?**
> Do you know that restaurant?

When it means 'to know a fact', the translation is **at vide**.

Det ved jeg ikke.
I don't know.

Exercise 4

Choose the right word:

1 (Kender/Ved) du, om toget er kommet?
2 (Kender/Ved) du nogen, der kan hjælpe mig i haven?
3 Jeg (kender/ved ikke), hvor hunden løb hen.
4 Jeg (kender/ved) ingen her i byen.
5 Jeg (kender/ved), at huse er dyre omkring København.
6 Jeg (kendte/vidste) ikke, at han var syg.
7 Hun (kendte/vidste) ikke, hvordan han skulle åbne dåsen.
8 Jeg (kendte/vidste) engang en pige, der hed Tove.

Useful phrases 2

Phrases for making an offer

Vil du have en kop kaffe?
Would you like/Do you want a cup of coffee?

Lad mig give frokost!
Let me treat you to lunch!

Kan/Kunne du tænke dig en øl?
Do you fancy a beer?

Jeg giver!
This is on me!

Useful phrases 3

Phrases for responding to an offer

To accept an offer in a polite way the answer **Ja tak** is sufficient, but it is often followed by **gerne**, either on its own or in a phrase like **Det vil jeg gerne**.

Ja tak, gerne.   Yes please.
Ja tak, det vil jeg gerne.   Yes, I'd love to.

If you feel overwhelmed by the offer, expressions of false modesty like these can be used:

Det er alt for meget!
That is far too much!

Det kan jeg virkelig ikke tage imod!
I really can't accept that!

To decline an offer you say **nej tak**, possibly followed by **Ellers tak**.

Exercise 5

How would you respond to the following?

1 Vil du have kop kaffe?
2 Min hund har lige fået hvalpe (puppies). Vil du have en?
3 Her er 1000 kroner som tak for din hjælp.
4 Har du lyst til at komme til frokost på søndag?
5 Jeg har to billetter til teatret. Vil du have den ene?
6 Du må få min gamle computer. Den skal ikke koste noget.

Dialogue 3 ▣

Pamela suggests to Jørgen that they should go for a walk – in town.

PAMELA: Vil du med en tur over i byen?
JØRGEN: Skal vi noget specielt derovre?
PAMELA: Nej, det var bare for at gå en tur. Jeg trænger til at komme ud.
JØRGEN: Jeg har ikke noget imod at gå over i byen, hvis vi skal handle. Men jeg gider ikke gå derover bare for at komme ud.
PAMELA: Jeg kan godt lide at se, hvad der er i butikkerne.
JØRGEN: Hvad med at gå en tur ud langs stranden i stedet for?
PAMELA: Jo, hvis du hellere vil det.
JØRGEN: Du tøver. Hvad synes du? Jeg har nok at lave herhjemme.
PAMELA: Jeg tror, jeg foretrækker at gå en tur i byen alene.

Vocabulary

alene	alone	**butik**	shop
foretrække	prefer	**tøve**	hesitate
gå en tur	go for a walk	**har ikke noget imod**	have nothing against

Useful phrases 4

How to ask and express an opinion

Hvad synes du?	What do you think?
Jeg synes, (at) . . .	I think (that) . . .
Det kan jeg godt/ikke lide.	I like/don't like that.
Det har jeg ikke noget imod.	I have nothing against that./ I wouldn't mind that.
Det kan jeg vældig godt lide.	I do like that.
Det er jeg meget glad for.	I'm very fond of that.

Useful phrases 5

Showing preference

Jeg vil gerne have en kop kaffe.
I'd like a cup of coffee.

Jeg vil hellere have en kop te.
I'd rather have a cup of tea.

Jeg vil (aller) helst have en kold øl.
I'd most of all like a cold beer.

Jeg foretrækker en kop te.
I prefer a cup of tea.

**Jeg kan godt lide fisk, men jeg foretrækker
(or kan bedre lide) kød.**
I like fish, but I prefer meat.

Jeg kan (aller) bedst lide en rød bøf.
Best of all I like an underdone steak.

Exercise 6

Suggest alternatives to the offers:

1 Vil du have en kop kaffe?   **Nej tak, jeg vil hellere have**
   (en kop te)   **en kop te.**

2 Vil du have en øl? (en sodavand)
3 Vil du have en pære? (et æble)
4 Vil du have en kage? (et stykke franskbrød)
5 Vil du have nogle flere grøntsager? (nogle flere kartofler)
6 Vil du have dessert? (lidt ost)
7 Vil du have en rød bøf? (fisk)

Exercise 7

Follow the route described below through this town, and answer the question below:

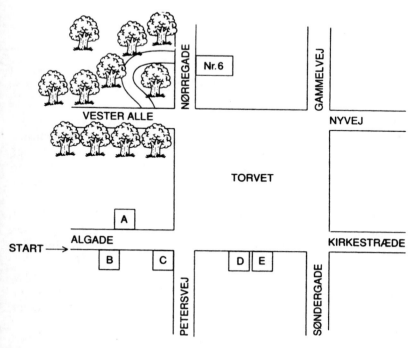

Illustration courtesy of Torun Gjelstrup

Gå hen ad (along) Algade, forbi kirken og biblioteket (the library).
Biblioteket ligger på højre hånd og kirken på venstre. Kirken ligger
på den anden side (side) af gaden (the street), over for (opposite)
biblioteket.

Fortsæt helt hen til supermarkedet, som ligger på hjørnet af
Algade og Petersvej.

Gå over (across) Petersvej, og gå så ligeud (straight ahead), forbi
museet (the museum) og rådhuset (the town hall), som ligger ved
siden af hinanden (each other). Museet ligger før rådhuset. (Man
kan også sige, at rådhuset ligger efter museet!)

Gå så helt hen til Søndergade og drej til venstre der. Nu skal
du tværs (diagonally) over torvet og ind i parken (the park). Følg
(Follow) stien (the path) gennem (through) parken. Til sidst
kommer du ud i Nørregade.

Gå nu over Nørregade, ind i Nørregade 6, og op på første sal.
Her bor jeg!

What buildings do A, B, C, D and E represent?

Reading text 🔲

Sådan bor danskerne (This is how the Danes live)

Mange turister tror, at Danmark er et land fuld af gamle idylliske
(*idyllic*) huse med stråtag (*thatched roofs*) og en lille have omkring.
Disse huse findes, men der er ikke mange tilbage. I vore dage er
de fleste huse både i byerne og ude på landet (*out in the country*)
moderne.

I byerne bor folk (*people*) i lejligheder (*flats*), rækkehuse (*town
houses*), villaer (*large detached houses*) eller parcelhuse (*smaller
modern detached houses*). Villaerne og parcelhusene er alle
enkelthuse (*detached houses*). Dobbelthuse (*semi-detached houses*)
er næsten ukendte (*unknown*) i Danmark. Ved de bedste kyster
ligger der også sommerhuse. Et sommerhus (*holiday cottage*) er
ikke det samme som et engelsk summerhouse. Det er et rigtigt
(*proper*) lille hus, tit bygget af træ (*wood*). Sommerhuse er for
kolde at bo i hele året, men mange mennesker flytter i sommerhus
om sommeren.

People enjoying a holiday outside their summer cottage

Selvfølgelig er der mange, der selv ejer (own) deres huse i Danmark, men det er også meget almindeligt, at man lejer (rent) sit hus eller sin lejlighed. Mange mennesker bor i lejet bolig (home) hele livet.

Test yourself

1 It costs about 6 or 8 kroner.
2 I know Peter.
3 This house is old.
4 These roads are old.
5 Would you like a beer?
6 No thank you. I'd rather have a cup of coffee.

15 Hvordan har du det?

How are you?

This unit deals with:
- Translating 'some' and 'any' (dealing with **nogen, noget, nogle**)
- Expressing how you feel
- Expressing sympathy
- Talking about the future
- Translating 'who(m)', 'which' and 'that' (dealing with **der** and **som**)

Dialogue 1 ▢▢

Pamela wakes up with a bad throat, and Jørgen offers to make her a hot drink before he goes to the bathroom.

JØRGEN: Ih, hvor har du hostet i nat!

PAMELA: Ja, jeg er faktisk bange for, jeg har influenza.

JØRGEN: Har du ondt nogen steder?

PAMELA: Ja, både i halsen og i hovedet. Jeg tror også, jeg har feber.

JØRGEN: Så må du hellere blive i din seng i dag. Nu skal jeg lave dig en kop te, før jeg går i badeværelset.

PAMELA: Tak skal du have. Åh, jeg hader at være syg!

JØRGEN: Har du været i nærheden af nogen, der havde influenza?

PAMELA: Det ved man jo aldrig. Man kan blive smittet hvor som helst. Der er altid nogen i toget, der hoster eller nyser.

JØRGEN: Ja, det er årstiden. Der er ikke mindre end tre lærere, der har været syge i denne uge.

PAMELA: Har vi noget hostesaft i huset?

JØRGEN: Nej, men jeg har nogle sugetabletter. Jeg har også nogle hovedpinetabletter. Nu skal jeg hente dem til dig.

Vocabulary

at have feber	to run a temperature
at blive smittet med noget	to catch something
at være sygemeldt	to be off sick

epidemi	epidemic	**hals**	throat, neck
hoste	cough	**hostesaft**	cough mixture
hvor som helst	wherever	**influenza**	flu
hovedpinetabletter	headache tablets	**nyse**	sneeze
ondt	(see below)	**sugetabletter**	throat pastilles
uden tvivl	without doubt	**årstid**	time of the year

Language point 1

'Some' and 'any' are the equivalents to **nogen, noget** and **nogle**. **Noget** is used in front of an uncountable noun or where an uncountable noun is evident but omitted:

Har vi noget hostesaft?
Have we any cough mixture?

Ja, der står noget i køkkenet.
Yes, there is some in the kitchen.

It can also mean 'something' and 'anything':

Er det noget galt?
Is anything wrong?

Nogle means 'some' in front of a countable noun or where it refers to a countable noun:

Jeg har nogle hovedpinetabletter.
I have some headache tablets.

Jeg skal nok købe nogle.
I'll buy some.

Nogen basically corresponds to 'any', and is used with countable nouns:

Vi har ikke nogen hovedpinetabletter.
We haven't got any headache tablets.

Jeg kan ikke finde nogen.
I can't find any.

Nogen without any specific reference to a noun means 'somebody' or 'anybody':

Der er nogen ved døren.
There is somebody at the door.

Er der nogen hjemme?
Is anybody at home?

The spoken language does not distinguish between **nogen** and **nogle**. Both are pronounced [noen].

Exercise 1

Insert **nogen**, **noget** or **nogle**:

1 Jeg har ringet, men der var ikke _____ hjemme.
2 Vi har ikke _____ franskbrød i huset.
3 Jeg har ikke _____ imod at flyve.
4 Først boede vi _____ dage i København.
5 Er der _____ særligt at se i Odense?
6 Jeg tør ikke sige _____ på dansk.
7 Så du _____, du kendte?
8 Vi skal huske at købe _____ æbler.
9 Jeg vil gerne have _____ kaffe.
10 Jeg har _____ penge ude i bilen.

Useful phrases 1

Expressing how you feel

Jeg er syg.	I'm ill.
Jeg skal kaste op.	I'm going to throw up.
Jeg har det bedre.	I'm feeling better.
Jeg har det ikke så godt.	I don't feel very well.
Det gør ondt i mit ben.	My leg hurts.
Jeg har mavepine.	I've got a stomachache.
Jeg er rask.	I'm fit and well.

Useful phrases 2

Expressing sympathy

Hvordan har du det nu?
How are you feeling now?

Gør det (meget) ondt?
Does it hurt (much)?

Det er synd for dig.
I am sorry for you.

Du skal se, det går snart over.
You'll see, you'll soon be feeling better.

Note the position of **ikke** in connection with **håbe**:

Jeg håber, du snart bliver rask.
I hope you'll soon be well.

Jeg håber ikke, du har influenza.
I hope you haven't got flu.

Exercise 2

Write down a reasonable answer to each of the complaints below.
Choose answers from the suggestions shown in the box:

(a) Jeg har ondt i hovedet.
(b) Jeg har ondt i ryggen.
(c) Jeg har ondt i maven.

(d) Jeg har ondt i øret.
(e) Jeg har ondt i tænderne.
(f) Jeg har ondt i knæet.
(g) Jeg har ondt i halsen.
(h) Jeg har ondt i skuldrene.

---

1 Hold benet i ro en dag eller to.
2 Sluk for radioen og tag en hovedpinetablet.
3 Lad være med at sidde ved computeren hele dagen.
4 Køb nogle sugetabletter.
5 Gå i seng med en varmedunk.
6 Skær det af.
7 Bestil tid hos tandlægen.
8 Drik tynd te, til det går over.
9 Tag noget vat (cotton wool) i.

Exercise 3

Four general complaints have dual forms. Find sentences above with the same meaning as these:

1 Jeg har hovedpine.
2 Jeg har mavepine.
3 Jeg har tandpine.
4 Jeg har ørepine.

Exercise 4

Translate:

1 I hope you feel better today.
2 I hope it is not too late.
3 I hope you won't be ill.
4 I hope it doesn't hurt.
5 I hope he's not running a temperature.
6 I hope your headache has gone.

Dialogue 2 ▣

Jørgen comes home and finds Pamela still in bed. He tells her he's had a bad day at school.

JØRGEN: Nå, hvordan går det med dig?

PAMELA: Nogenlunde. Jeg har sovet det meste af dagen. Og hovedpinen er næsten gået over. Hvad med dig?

JØRGEN: Åh, det har været en frygtelig dag i skolen! Jeg er dødtræt! Problemer, problemer, problemer!

PAMELA: Som hvad?

JØRGEN: Jeg havde en pige i klassen, der pludselig ikke kunne finde sin mobil, og hun blev helt hysterisk.

PAMELA: Fandt I den?

JØRGEN: Ja, hun fik den tilbage. Der var en de andre, der havde taget den og gemt den i sin taske. – Og så var der et grimt tilfælde af mobning i skolegården. Det var en dreng, der blev mobbet af en gruppe på fire-fem andre. De brækkede to af hans ribben og gav ham et blåt øje. Du kan ikke forestille dig, hvordan han så ud!

PAMELA: Hvad gjorde I ved det?

JØRGEN: Vi fik fat i nogle af forældrene til dem, der havde mobbet. Og så blev drengene sendt hjem.

PAMELA: Hvad skete der med ham med ribbenene?

JØRGEN: Vi kørte ham hjem, da lægen havde set på ham. Jeg tror lige, jeg ringer til ham for at høre, hvordan det går.

Vocabulary

brække	break
dødtræt	dead tired
dreng	boy
gruppe	gang, group
hysterisk	hysterical
mobbe	bully
mobning	bullying
nogenlunde	not too bad
ribben	rib
tilfælde	case

Exercise 5

Combine the phrases in the two columns so that the sentences make sense:

1 Pamela blev hjemme,

2 Pigen blev hysterisk,

3 Jørgen var dødtræt,

4 Lærerne kørte drengen hjem,

5 Drengene blev sendt hjem,

(a) fordi de havde mobbet en dreng i skolegården.

(b) fordi han havde brækket to ribben.

(c) fordi hun ikke kunne finde sin mobil.

(d) fordi han havde haft en frygtelig skoledag.

(e) fordi hun havde fået influenza.

Exercise 6

Complete the crossword puzzle on parts of the body:

Across
1 Man har ti _____
   på to fødder.
2 Mange mennesker
   har et ur på venstre
   _____.
3 _____ sidder i
   munden.
4 Man kan bære tunge
   ting på _____.
5 Dette ord betyder
   'body'.
6 Man har ti _____
   på hænderne.
7 Man taler med
   _____.
8 Hjernen sidder i
   _____.

Down
9 Det gør ondt, når
   man har _____.

Dialogue 3 ▢▢

Jørgen rings the health centre (lægehuset) to make an appointment (bestille/få en tid) with a doctor. The doctor he normally sees is on holiday, but Jørgen decides to wait for him till he comes back.

SEKRETÆREN: Lægehuset.

JØRGEN: Hej. Det er Jørgen Nielsen. Jeg vil gerne have en tid hos lægen.

SEKRETÆREN: Hos nogen bestemt læge?

JØRGEN: Ja, jeg plejer at tale med læge Sjørup.

SEKRETÆREN: Han er på ferie i denne uge. Er det noget der haster?

JØRGEN: Nej, ikke specielt.

SEKRETÆREN: Vil du have en tid hos en af de andre læger, eller vil du vente?

JØRGEN: Jeg tror helst, jeg vil vente. Hvornår kommer Sjørup tilbage?

SEKRETÆREN: I næste uge. Dit personnummer?

JØRGEN: 250631 2291.

SEKRETÆREN: Du kan få en tid hos Sjørup tirsdag den syvende klokken 11. Der er en afbestilling.

JØRGEN: Det er ikke så godt. Det er svært for mig at komme om tirsdagen.

SEKRETÆREN: Hvad så med torsdag otte dage?

JØRGEN: Det er bedre. Helst efter klokken tre, hvis det er muligt.

SEKRETÆREN: Der er en tid klokken fire. Kan du bruge den?

JØRGEN: Ja, det er fint. Jeg kommer torsdag otte dage klokken fire.

Vocabulary

afbestilling	cancellation
Haster det?	Is it urgent?
helst	rather
personnummer	civil registration number

Everyone resident in Denmark is issued with a civil registration number. The first six figures in it indicate your date of birth, and the last four are personal to you. Men have odd numbers, women even. These numbers are used if you wish to register with a doctor, open a bank account or visit a dentist, and they are also used in any dealings with the national or local authorities.

Language point 2

Talking about the future

Danish has no special future tense. A simple present tense can indicate the future as well as the present, depending on the context:

Jeg ringer lige til ham.
I'll give him a ring.

Jeg kommer torsdag otte dage.
I'll be there a week on Thursday.

Jeg køber nogle tabletter, når jeg er i byen.
I'll buy some tablets when I'm in town

Exercise 7

Translate:

1 We'll take the train to Copenhagen.
2 We'll borrow some money from the bank.
3 I'll pay the bills next week.
4 The plane is going to land at three o'clock.
5 We'll go to England in May.

Dialogue 4 ▢▢

Pamela tells Jørgen about a friend of theirs who has gone into hospital.

PAMELA: Bente er kommet på hospitalet. Hun blev indlagt i går.
JØRGEN: Hvad fejler hun? Hun så da godt ud, da jeg så hende for fjorten dage siden.
PAMELA: Ja, men hun har hostet i nogen tid. De er bange for, at det måske er lungekræft. Det er Karen, der har fortalt mig det.
JØRGEN: Ligger hun på sygehuset her?
PAMELA: Nej, hun er kommet på privatsygehuset.
JØRGEN: Akja, de ventelister!

PAMELA: Ja, det gik hurtigere, da jeg kom på skadestuen med mit
          brækkede ben.
JØRGEN: Og kom hjem med benet i gips fire timer senere! Hvor
          så du ud! Det er et syn, som jeg aldrig glemmer.
PAMELA: Bente bliver nok ikke udskrevet lige så hurtigt.
JØRGEN: Lad nu være med at være så pessimistisk. Hun er ikke
          død endnu.
PAMELA: Nej, men sådan noget gør mig altid bange.

Vocabulary

Hvad fejler hun?	What's wrong with her?
Hun så godt ud.	She looked well.
Hvor så du ud!	What a mess you looked!

Akja!	Oh yes!	**død**	dead
gips	plaster	**hospital, sygehus**	hospital
indlægge	admit to	**lungekræft**	lung cancer
skadestue	casualty	**syn**	sight
udskrive	discharge	**venteliste**	waiting list

Language point 3

Translating the relative pronouns 'who(m)', 'which' and 'that'

Danish has only two words – **som** and **der** – covering 'who', 'which'
and 'that', irrespective of whether it refers to a person or a thing.
Of the two **som** can always be used, while **der** can only be used if
it acts as the subject of the phrase it is part of:

> **Det er Karen, der har fortalt mig det.**
> It is Karen who's told me.

> **Det er et syn, (som) jeg aldrig glemmer.**
> That's a sight (that) I'll never forget.

When **som** is functioning as the object, it can be omitted in Danish,
as in English.

Exercise 8

While **som** can be used in all the following sentences, only four can take **der**. Which ones?

1 Den computer, _____ Martin købte, kostede 1500 kroner.
2 Jørgen fandt nogle sugetabletter, _____ han gav Pamela.
3 På denne årstid er der mange mennesker, _____ har influenza.
4 Der var nogle drenge, _____ mobbede de andre i skolegården.
5 Sidste år havde vi en influenzaepidemi, _____ var meget slem.
6 Manden, _____ havde cancer, er død.
7 Det er det hospital, _____ jeg bedst kan lide.
8 Den dessert, _____ jeg fik, smagte ikke godt.

Exercise 9

Fill in the following with regard to your own illnesses:

Jeg har haft ... I have had ...

	Ja	*Nej*	*Ved ikke*
Halsbetændelse	_____	_____	_____
Høfeber	_____	_____	_____
Influenza	_____	_____	_____
Kighoste	_____	_____	_____
Lungebetændelse	_____	_____	_____
Mæslinger	_____	_____	_____
Mellemørebetændelse	_____	_____	_____
Røde hunde	_____	_____	_____
Skoldkopper	_____	_____	_____

Test yourself

1 Have we any headache tablets?
2 Yes, I have some in my room.
3 How are the children today? They are feeling better.
4 My finger hurts.
5 We'll come next week.
6 Do you know a girl who/is called Sue?

16 Du er smuk!
You're beautiful!

This unit deals with:

- Question tags
- How to translate 'when'
- Danish for 'all', 'the whole', 'self' and 'both'
- How to pay compliments, and further use of **sikke**
- How to repeat a question
- More about the position of adverbs

Dialogue 1 ⟨⟩

Martin fancies Louise and is wondering whether to invite her to a party at the badminton club the following week.

MARTIN: Hun er nu meget sød, Louise.

NINA: Det har du aldrig sagt før. Jeg troede ikke, du kunne lide hende.

MARTIN: Hun var også irriterende, da hun var yngre.

NINA: Hun har altid været min bedste veninde.

MARTIN: Og køn var hun heller ikke!

NINA: Er hun blevet kønnere nu?

MARTIN: Jo, det synes jeg. Og hun er altid så smart og altid i godt humør.

NINA: Du er da ikke ved at blive forelsket i hende?

MARTIN: Åh, hold nu op! Man kan vel nok sige, at en pige er køn, uden man behøver at være forelsket i hende, ikke?

NINA: Ja, selvfølgelig. Men hvorfor begynder du at tale om hende lige nu?

MARTIN: Tror du hun vil med i klubben, når der er fest i næste uge?
NINA: Du vil ikke have mig til at spørge hende, vel?
MARTIN: Nej, men hvad synes du?
NINA: Hør nu her, Martin! Det må du sørme selv finde ud af!

Vocabulary

forelsket	in love	**irriterende**	irritating
i godt humør	in high spirits	**klub**	club
køn	good looking	**sød**	sweet
veninde	(female) friend		

Language point 1

Question tags

Question tag: She's your best friend, *isn't she?*
She always looks smart, *doesn't she?*

English question tags always contain a verb, while in Danish it is sufficient to write **ikke** after a positive statement, and **vel** after a statement with a negative component:

Du er forelsket i Louise, ikke?
You're in love with with Louise, aren't you?

Hun var ikke køn for to år siden, vel?
She wasn't good looking two years ago, was she?

Exercise 1

Insert **vel** or **ikke** after the following statements:

1 Martin vil ikke invitere Nina med til festen, _____?
2 Louise er Ninas bedste veninde, _____?
3 Pigen i skolen fik sin mobil tilbage, _____?
4 Jørgen havde ingen hovedpinetabletter, _____?
5 Man kan blive smittet hvor som helst, _____?
6 Der er meget influenza for tiden, _____?
7 Pamela vil aldrig flyve til England, _____?

Useful phrases

Talking about appearance

Hun ser trist ud.	She looks sad.
De ser glade ud.	They look happy.
Hvordan ser han ud?	What does he look like?
Hvad har han på?	What is he wearing?
Hun har nederdel på.	She is wearing a skirt.
Han tog sin skjorte på.	He put his shirt on.
Han tog skjorten af.	He took his shirt off.
Børnene går i cowboybukser.	The children wear jeans.
at klæde sig på	to dress
at klæde sig af	to undress
at klæde sig ud	to dress up
at skifte tøj	to change clothes
at prøve en kjole	to try a dress on

And a reminder: **tøj** (clothes) is singular in Danish!

Language point 2

Translating 'when'

If you're talking about the past, 'when' referring to a single occasion in the past should be translated by **da**. On repeated occasions it would be **når**.

If you're talking about the present or the future, 'when' should be translated by **når**.

Louise var irriterende, da hun var yngre.
Louise was irritating when she was younger.

Når man mødte hende, var hun altid sur.
When(ever) you met her, she was always sulky.

Tror du hun vil med, når vi holder fest i næste uge?
Do you think she'll want to come along when we have
a do next week?

Exercise 2

Complete the sentences:

1 Jeg var meget syg, da ...
2 Jeg blev meget glad, da ...
3 Jeg blev meget ked af det, da ...
4 Jeg mødte (met) en gammel ven, da ...
5 Det bliver dejligt, når ...
6 Det bliver koldt, ...
7 Jeg bliver altid sulten, når ...
8 Jeg bliver altid vred (angry), når ...

Exercise 3

Which of the articles of clothing in the box is to be used where? If there are words you don't know, you can find them in the Glossary.

1 På benene eller fødderne?
2 På hovedet eller halsen?
3 På hænderne?
4 På underkroppen?
5 På overkroppen?

sko	sokker
jakke	cowboybukser
bukser	støvler
butterfly	skjorte
kasket	nederdel
træsko	strømpebukser
hat	bluse
slips	underkjole
tørklæde	sandaler
strømper	underbukser
trøje	handsker
hue	brystholder

Dialogue 2 📼

Nina is in her room, where she has been working all day, cleaning and tidying up. Pamela enters.

PAMELA: Hvor er her blevet pænt! Nu har du også slidt hele dagen!

NINA: Ja, alle skufferne er i orden, og der er ryddet totalt op i begge skabe.

PAMELA: Jeg synes, jeg hørte, du råbte højt for lidt siden?

NINA: Åh, det var et glas cola, jeg havde. Det stod på bordet, og al colaen endte på tæppet.

PAMELA: Skete der noget med glasset?

NINA: Nej! Men prøv at se tæppet! Det er godt, det er et gammelt tæppe.

PAMELA: Ja ja, men bortset fra den bunke tøj derovre i hjørnet, så er selve værelset virkelig pænt nu. Hvad er det forresten for noget tøj, der ligger derovre?

NINA: Åh, det er noget gammelt noget, der skal smides ud.

PAMELA: De ternede bukser købte du da i foråret, ikke? Er de gamle?

NINA: Ja, mor, de er totalt umoderne nu. Jeg viser mig ikke i dem mere.

Vocabulary

bortset fra	apart from	**bunke**	pile
ende på	end up on	**råbe**	shout, cry
skab	wardrobe, cupboard	**ske**	happen
skuffe	drawer	**slide**	work hard
smide ud	throw out	**ternet**	chequered
total	total, complete	**umoderne**	out-of-date
så vidt	as far as	**vise sig i**	show myself in, be seen in

The English -ly, which changes an adjective into an adverb, corresponds to **-t** in Danish:

Det er en total misforståelse.
It is a complete misunderstanding.

Bukserne er totalt umoderne.
The trousers are completely out-of-date.

Note that the Danish **u-** in front of an adjective negates it and often corresponds to the English un-:

gift	**ugift**
rolig	**urolig**
populær	**upopulær**
moderne	**umoderne**

Exercise 4

Translate the following:

1 He walked slowly.
2 It is easily done.
3 He spoke nicely to her.
4 The house was specially built for them.

Language point 3

Dealing with hel, selv, al/alt, alle **and** begge

These adjectives all behave differently from the ones we have dealt with up to now. When they are used with a noun in the definite, the article does not move forward as it does when other adjectives are applied.

1 **Hel/helt/hele**, meaning 'all' or 'the whole', is only used with countable nouns:

> **Nina har arbejdet hele dagen.**
> Nina has worked all day.

en hel dag	a whole day
et helt æble	a whole apple
hele æblet	the whole apple
hele eftermiddagen	all afternoon

2 **Selv** and **selve** are adjectival forms for 'himself', 'herself 'and 'itself'. When the form **selve** is used, it precedes the noun:

> **Selve værelset er flot.**
> The room itself is fine.

> **Nina har selv ryddet op.**
> Nina herself has been tidying up.

Note that if the form **selv** precedes the noun, it means 'even':

> **Selv skufferne er i orden.**
> Even the drawers are tidy.

3 **Al/alt**, meaning 'all', is used with uncountable nouns. The noun can appear in the indefinite as well as the definite form:

> **Al colaen endte på tæppet.**
> All the cola ended up on the carpet.

> **Al frugt er sundt.**
> All fruit is healthy.

4 **Alle**, also meaning 'all', is used with countables about three or more:

> **Jeg har vasket alle skuffer(ne).**
> I have washed all the drawers.

5 **Begge** (uninflected), meaning 'both of', is used of two countable nouns:

> **Begge mine brødre er skaldede.**
> Both of my brothers are bald.

Note that the Danish for 'both – and' is '**både – og**':

> **Hun er både lille og tyk.**
> She is both small and fat.

Reading text 🔘

Min chef (My boss)

Office assistants writing about their employers.

Min chef er meget sjusket at se på. Hans bukser er aldrig presset, hans skjorter aldrig strøget, og han har langt fedtet hår. Men er han dygtig og altid i godt humør, så jeg kan godt lide ham. Det betyder ikke så meget, hvis vi kommer lidt for sent om morgenen, for han er tit selv sent på den. Jeg ville bare ønske, han kunne finde sig en kone, som kunne få ham til at se lidt pænere ud.
Morten

Min chef er en herlig gammel mand. Han er som en far for os allesammen. Men han er af den gamle skole og forventer også, at vi 'damer' er korrekte og arbejder effektivt. Man kan altid gå ind på hans kontor og tale med ham, hvis man har problemer, og det sker tit, at han sender en af os ned efter kager til eftermiddagskaffen. Desværre går han af til efteråret. Vi vil savne ham.
Tina

Jeg kan godt lide min chef. Hun er dygtig, hun er hurtig, hun har altid travlt, og der er orden på kontoret. Men hun forlanger også, at vi skal være effektive og se smarte ud. Hun ser også, når vi har nyt tøj på. 'Sikke en elegant dragt, du har fået,' sagde hun til mig forleden dag. 'Du ser smart ud!' Det er dejligt at høre den slags. Det er dog mærkeligt, at sådan en effektiv dame ikke selv kører bil – men det gør hun ikke. Hun bliver hentet hver dag af sin mand i deres lyseblå sportsvogn.
Gitte

Jeg ser næsten aldrig min chef, men jeg foretrækker også kontoret uden ham. Han er lille, tyk og skaldet, og jeg kan ikke fordrage ham. Når han endelig viser sig, ser han utrolig sur ud. Og han taler til os, som om vi var hans slaver. 'Kaffe!' råber han, og så skal man skynde sig at sætte kaffe ind på hans bord. Jeg hader at blive behandlet på den måde. – Hans kontor lugter

forfærdeligt af røg og whisky. Jeg kan godt forstå, at hans kone forlod ham for mange år siden.
Bente

Vocabulary

fedtet	greasy
sjusket	untidy
presset	pressed
strøget	ironed
dame	lady
forvente	expect
herlig	splendid, lovely
ske	happen
effektivt	effectively
går af	retire
korrekt	korrect
dragt	outfit
forlange	demand
sportsvogn	sports car
elegant	elegant
forleden dag	the other day
behandle	treat
forlade	leave
røg	smoke
slave	slave
forfærdelig	awful
lugte	smell
se sur ud	look sulky
vise sig	turn up

Exercise 5

Answer these questions relating to the texts above:

1 Hvem har en kvindelig chef?
2 Hvem har en uhøflig chef?
3 Hvem kan lide sin chef?
4 Hvem har en chef, der ryger?
5 Hvem har en chef, der snart skal pensioneres?
6 Hvem har en chef, der ikke har kørekort?

Useful phrases

Paying compliments

Hvor ser du godt ud i aften!
You look wonderful this evening!

Det er vel nok et flot slips, du har på!
What a nice tie you're wearing!

The word **sikke** is often used in similar exclamations:

Sikke(n) en flot kjole! or **Sikken flot kjole!**
What a nice dress!

Sikke(n) et vejr! or **Sikket vejr!**
What weather!

Sikke nogle smukke sko! or **Sikke smukke sko!**
What lovely shoes!

Sikke smuk hun er!
How beautiful she is!

Sikke længe de blev!
What a long time they stayed!

Language point 4

Repeating a question

Here is a mini dialogue – with only three exchanges. Person number one asks a question, person number two does not understand it and asks for it to be repeated, and person number one repeats it. (The tense of what the first speaker says is normally changed.)

A: Hvem har en ugift chef?
B: Hvad siger du?
A: Jeg spurgte dig, hvem der havde en ugift chef.

As you will have noticed, a **der** was inserted after **hvem** in the last exchange. This insertion will always take place when **hvem** or **hvad** introduces a subordinate clause as its subject. If they are the object of the clauses, **der** is not included.

Examples with **hvem** and **hvad** as subjects:

Hvem kommer i aften?
Who's coming tonight?

Jeg ved ikke, hvem der kommer i aften.
I don't know who's coming tonight.

Hvad står der i brevet?
What's written in the letter?

Du må sige mig, hvad der står i brevet.
You must tell me what's written in the letter.

Examples with the same words as objects:

Hvem hentede Jørgen ved stationen?
Who did Jørgen fetch from the station?

Ved du, hvem han hentede ved stationen?
Do you know who he fetched from the station?

Hvad så du i København?
What did you see in Copenhagen?

Fortæl mig, hvad du så i København.
Tell me what you saw in Copenhagen.

Exercise 6

Write down sentences about your personal taste, combining expressions from the three columns:

Jeg	kan godt lide kan ikke lide kan ikke fordrage elsker hader har ikke noget imod foretrækker (prefer) . . . fremfor (to)	en lille whisky om aftenen kvindelige chefer mænd med butterfly tykke damer tynde damer lårkorte kjoler mus mænd med skæg små børn et kompliment lilla hår blomstrede slips stribede slips mandlige sygeplejersker

Exercise 7

Write down a description of yourself.

Test yourself

1 You saw the film, didn't you?
2 She wasn't at home, was she?
3 She was beautiful when she was young.
4 Whenever we saw them, they were always smart.
5 He is slow.
6 He came slowly towards us.
7 We drank all the coffee.
8 We ate all the apples.
9 What a wonderful evening!

17 Hvad skete der?

What happened?

This unit deals with:

- Verbs of perception (like: 'I heard him coming')
- Showing uncertainty and indifference
- Translation of 'no' and 'none'
- Danish verbs with passive form but active meaning
- Distinguishing between **at få** and **at have**

Dialogue 1 🔲

Louise and Nina are in Nina's room. Nina has just told Louise about Martin's idea. Martin is on his way home from work.

LOUISE: Jeg gad vide, om han virkelig spørger mig.

NINA: Det gør han nok.

LOUISE: Hvad nu, hvis han gør det?

NINA: Det er op til dig.

LOUISE: Ja, men hvad synes du?

NINA: Det ved jeg ikke. Har du ikke lyst til at gå med? Jeg skal derhen sammen med Knud.

LOUISE: Jo, men alligevel. Jeg ved ikke rigtigt.

NINA: Du har da ikke nogen kæreste for tiden.

LOUISE: Nej, men jeg vil heller ikke være kæreste med Martin.

NINA: Hvad nu, hvis vi andre går til fest, og du ikke skal med?

LOUISE: Det gør ingenting. Det er jeg ligeglad med.

NINA: Så, nu kommer han. Jeg hørte ham lukke lågen.

Vocabulary

ingenting	nothing
låge	gate
Jeg er ligeglad.	I don't care.

Note with **høre** ('hear') and **se** ('see'):

Jeg hørte ham lukke lågen.
I heard him closing/close the gate.

Jeg så hende falde.
I saw her falling/fall.

Exercise 1

Rewrite the following statements as shown. Use **ham, dem, hende,** etc. instead of the persons or things mentioned. The first two show examples.

1 Manden tabte sin flaske. (se)
Jeg så ham tabe sin flaske.

2 Flyet faldt ned. (høre)
Jeg hørte det falde ned.

3 Børnene legede i haven. (se)
4 Drengen gik ind i klubhuset. (se)
5 Mændene råbte om hjælp. (høre)
6 Konen forlod huset. (se)
7 Glasset faldt på gulvet. (høre)
8 Skibet sejlede ind i havnen. (se)

Useful phrases 1

Showing uncertainty

Jeg gad vide om . . .	I wonder if . . .
Hvad nu, hvis . . .	What if . . .
Ja, men alligevel.	Yes, but all the same.
Jeg ved ikke rigtigt.	I don't really know (what to think).
Hvad synes du?	What do you think?

Showing indifference:

Jeg ved ikke rigtigt.
I don't really know.

Det gør ingenting.
It/That doesn't matter. (= That does nothing.)

Det er (mig) ligegyldigt.
That is all the same (to me)/It doesn't matter/I don't care.

Dialogue 2 ▣

Martin is complaining that he has no more clean socks. He and Pamela start discussing his future.

MARTIN: Jeg har ingen rene sokker.
PAMELA: Det passer ikke. Jeg så nogle i dit skab i går, da jeg
          lagde dit rene tøj ind.
MARTIN: Ja, men det er de sorte. Jeg har fortalt dig, de er for
          små.
PAMELA: Så smid dem ud! Hvor længe skal jeg blive ved med at
          sørge for dit tøj?
MARTIN: Det ved jeg ikke.
PAMELA: Du er jo egentlig gammel nok til at se efter dig selv.
MARTIN: Åh, hold nu op, mor! Jeg skal nok flytte hjemmefra en
          dag. Men jeg har ikke råd til det endnu.

PAMELA: Nej, om et årstid. Jeg kan også godt bruge dit værelse!
MARTIN: Jeg vil prøve at finde et sted sammen med Knud, når jeg bliver færdig.
PAMELA: Tror du, du kan holde ham ud til daglig? Han snakker jo hele tiden.
MARTIN: Jeg lukker bare ørerne.
PAMELA: Jeg ville blive tosset.
MARTIN: Mor! Han er min bedste ven. Vi skændes aldrig!

Vocabulary

Det passer ikke.	That's not true.
Det har jeg ikke råd til.	I can't afford that.
Det skal jeg nok sørge for.	I'll look after that.

daglig	daily	**egentlig**	actually, as a matter
ren	clean		of fact
snakke	talk	**øre**	ear

Language point 1

Translating 'no' and 'none'

Ingen means 'no' in front of a noun. Standing alone it means 'none', 'no one' or 'nobody'.

The word for 'none' or 'nothing' is **intet**, and this can also in very formal language be found in front of a neuter noun, meaning 'no'.

Jeg har ingen rene sokker = Jeg har ikke nogen rene sokker.
I have no clean socks.

Vi har ingen salt or **Vi har ikke noget salt.**
We haven't (got) any salt.

Der er ingen hjemme.
There's nobody at home.

Jeg så intet = Jeg så ikke noget.
I saw nothing.

Ingenting – in one word – also means 'nothing'.

Jeg så ingenting.
I saw nothing.

Language point 2

Danish verbs ending in -s, where you'd expect -r

The widely used verb **synes** can only appear ending in **-s**, but in spite of this apparently passive form, it has an active meaning.

Jeg synes, det er en god ide.
I think it's a good idea.

Similarly irregular, but causing a different sentence structure, is **lykkes**:

Det vil aldrig lykkes for mig.
I'm never going to succeed.

-s can also be added to a few verbs to indicate reciprocity, where English just uses an active form:

De mødes.
They meet (each other).

De ses tit.
They often see each other.

De skændes altid.
They are always quarrelling.

De skal forloves/giftes.
They are going to get engaged/married.

De sloges som vilde dyr.
They fought like wild animals.

Exercise 2

Match the answers from column two with the statements or questions in column one:

1 Vil du betale regningen?

2 Tror du ikke, den fisk er dårlig?

3 Hvem mødte du i byen i dag?

4 Den nye lærer er mærkelig.

(a) Jeg så slet ingen, jeg kendte.

(b) Jeg har desværre ingen sugetabletter.

(c) Jeg har ingen penge.

(d) Nej, der er ikke noget galt med den.

5 Hvad skal jeg gøre? Jeg
hoster hele tiden.
6 Hvor mange søskende har du?
7 Kagerne var dejlige.

(e) Synes du? Jeg spiste
ingen.
(f) Jeg har ingen.
(g) Jeg har ingenting imod
ham.

Reading text 1 ▮▮

Den danske grundlov (The Danish Constitution)

Danmark fik sin første grundlov i 1849. Senere er den forandret lidt nogle gange, og den grundlov, som Danmark har nu, er fra 1974.

Ifølge (*According to*) Grundloven har danske borgere (*citizens*) talefrihed (*freedom of speech*) og trosfrihed (*religious liberty*), og de har lov til at danne (*form*) fagforeninger (*trade unions*) og politiske partier (*parties*). Men de har så også pligter (*duties*): de skal blandt andet (*among other things*) betale deres skat (*tax*), – og skatten er meget høj i Danmark.

Folketinget – det danske parlament – har 179 medlemmer (*members*), og to af disse medlemmer er fra Grønland, og to er fra Færøerne (*The Faroe Islands*). Der er valg (*general election*) til Folketinget mindst (*at least*) hvert fjerde år, og man har valgret (*right to vote*), når man er 18 år.

Der er mange politiske partier i Danmark.

Language point 3

The translation of 'to have'

The English verb 'to have' usually means 'to be in possession of', but it can also be used in the sense of 'to come into possession of'. In this latter case, Danish will use the verb **at få**. Thus 'to have' in the two following sentences must be translated in two different ways:

Den grundlov som Danmark har nu er fra 1974.
The constitution that Denmark has now is from 1974.

Danmark fik sin første grundlov i 1848.
Denmark had its first constitution in 1849.

'To have' in connection with food and drink will be **at få**:

Vi får (or **spiser**) **morgenmad klokken syv.**
We have breakfast at seven.

Jeg fik (or **drak**) **en kop kaffe.**
I had a cup of coffee.

If you say **Jeg havde en kop kaffe**, Danes will somehow think that you are speaking of a cup that you were in possession of. Where was this coffee placed? Did you lose it?

Exercise 3

Insert the right word:

1 Min veninde _____ en søn i sidste uge. (fik/havde)
2 Jeg _____ en gammel tante i Florida, men hun er død nu. (fik/havde)
3 Min kæreste _____ langt hår. (får/har)
4 Min far _____ først kørekort, da han var 35 år. (fik/havde)
5 Vi _____ møde i aften i klubben. (får/har)
6 Jeg _____ nogle hovepinetabletter i skuffen. (får/har)
7 Hvad _____ I at spise, da I var i København? (fik/havde)
8 De siger, at vi _____ regn i morgen. (får/har)

Exercise 4

What did your friend make you do? Change the sentences using **Han fik mig til at** . . . (He made me . . .):

1 Jeg gik til tandlæge. **Han fik mig til at gå til tandlæge.**
2 Jeg spiste fisk på min fødselsdag.
3 Jeg parkerede bilen et forkert sted.
4 Jeg drak fire snaps.
5 Jeg ringede til min gamle kæreste.
6 Jeg sagde 'Mange tak' på dansk.

Exercise 5

Answer these questions about yourself using one of the following:

Nej, aldrig. (never)   Ja, men det er sjældent. (seldom)
Ja, af og til. (now and then) Ja, tit. (often)
               Ja, altid. (always)

- Læser du avis?
- Ser du nyhederne (the news) i tv?
- Hører du radio om morgenen?
- Ser du tv, mens du spiser?
- Jogger du?
- Går du i svømmehal (swimming pool) eller helsestudio (health studio)?
- Læser du i sengen?
- Rejser du udenlands (abroad) om sommeren?
- Går du i kirke?
- Læser du i Bibelen?
- Spiser du indisk mad?
- Står du op klokken syv om søndagen?

Reading text 2

Read the following text. You'll undoubtedly understand the contents, although twelve words have been taken out. In a foreign text there are nearly always words that you wouldn't understand anyway!

En smule dansk historie (A bit of Danish history)

Nu i det enogtyvende århundrede er England og Danmark gode naboer og _____. Men det har ikke altid været sådan. I gamle dage var de tit oppe at slås. Englænderne i Østengland var ikke glade, når de fik _____ på vikingeskibe i _____.

I begyndelsen af det nittende _____ var danskerne og englænderne oppe at slås igen. Det var under Napoleonskrigene. England ville _____ have Danmark med i krigen mod Napoleon, men Danmark tøvede. Så i 1801 _____ Nelson sendt til København for at lægge pres på danskerne. Det lykkedes ikke for ham, og i 1807 bombarderede englænderne København og _____ den

danske flåde. Nu lykkedes det at få Danmark _____ i krigen, men resultatet blev ikke det, som England havde ønsket. Danmark sluttede sig _____ Frankrig!
Siden den _____ har de to lande heldigvis været gode venner.

The only words you haven't come across yet in this course are:

bombardere	bombard
flåde	fleet
krig	war
leve	live
lægge pres på	put pressure on
nabo	neighbour
Napoleonskrigene	the Napoleonic wars
resultat	result
slutte fred	make peace
vikingeskib	Viking ship

Exercise 6

Now complete the text by inserting these words in the gaps in Reading text 2:

blev, gerne, horisonten, med, øje, sænkede (sank), tid, til, venner, århundrede

Reading text 3 ▪▪

Den danske statskirke (The Danish State Church)

Den danske statskirke kaldes Folkekirken, og den er luthersk (*Lutheran*).

Langt de fleste danskere er medlemmer af Folkekirken, og når et barn bliver døbt (*is baptized*), bliver det automatisk (*automatically*) medlem. Man kan dog senere melde sig ud (*resign one's membership*), hvis man vil.

Folkekirken er financieret (*financed*) gennem skatten, og præsterne (*the parsons*) får deres løn af staten (*the state*). Alle danskere betaler 1% i kirkeskat, hvis de er medlemmer af Folkekirken.

Pronunciation practice 🔲

And the last pronunciation practice! You should now have a fair chance of being able to partake in serious discussions. If you lack confidence, here are some fairly intelligent questions for you to ask!

Jeg gad vide, om der altid vil være krig i verden?
Jeg gad vide, om vi kan standse den globale opvarmning?
Jeg gad vide, om mennesket nogensinde kommer op på Mars?
Jeg gad vide, om jorden en dag bliver ramt af en komet?

Test yourself

1 I heard him coming.
2 I wonder if he is at home.
3 We haven't any money.
4 I managed to read her letter.
5 What did you have to eat?

18 Lad os gå ud!

Let us go out!

This unit deals with:

- Disagreeing and swearing
- How 'was/were' can be interpreted
- How to deal with the '-ing' form
- Danish newspapers
- Talking about things that are being done
- Danish abbreviations

Dialogue 1 ▨

Pamela has sent a birthday present to her mother, but the parcel has been delayed or lost in the post.

PAMELA: Jeg har lige talt med mor i telefonen. Hun har stadigvæk ikke fået den parfume, vi sendte.

JØRGEN: Nej, ved du nu hvad! Hvornår var det, den blev sendt?

PAMELA: Jeg kan ikke lige huske dagen. Men den var sendt allerede, da jeg sidst talte med hende i telefonen.

JØRGEN: Og hvornår var det?

PAMELA: Det var vistnok sidste weekend.

JØRGEN: Hvem var på posthuset med den?

PAMELA: Det var jeg selv. Den *blev* sendt. Der er der ingen tvivl om.

JØRGEN: Det er sgu' for galt! Postvæsenet er håbløst efterhånden!

PAMELA: Tag det nu roligt! Den kommer jo nok frem engang.

JØRGEN: Ja tak! Til jul måske! Eller til påske! – Du anbefalede den vel, ikke?

PAMELA: Nej, det så jeg ikke nogen grund til.

Vocabulary

Det så jeg ingen grund til.	I saw no reason for that.
Det er sgu' for galt!	That's too bloody bad!
Nej, ved du nu hvad!	Well, honestly! (expression of irritation or general disappointment)

anbefale	recommend	**et anbefalet brev**	a registered letter
grund	reason	**parfume**	perfume
postvæsenet	the postal service	**stadigvæk**	still
		tvivl	doubt
vistnok	probably		

Useful – and not so useful – phrases!

Disagreeing and swearing

In the dialogue above Jørgen uses **sgu'**, which is a light to medium swearword, all depending on who you are. It is actually very difficult to swear (**at bande**) correctly in a foreign language, and if you get it wrong you may well just sound foolish. While English swearing tends to use obscenities, Danish swearing makes widespread use of blasphemies, and so it is difficult to give exact equivalents.

However, it might be useful to know the value of some of the most common Danish expletives and words expressing an emotional reaction. In the following, expressions marked * are considered coarse by most people, while the rest are pretty harmless.

> ***Hold (din) mund!** or ***Hold kæft!**
> Shut up!

> **Sikke noget vrøvl!**
> What nonsense!

> **Sådan noget skidt!**
> What rubbish!

> **Det var Sørens!**
> Good Heavens!

> **Det er noget *lort!**
> (Roughly: That's a load of shit!)

Despite its appearance, the Danish **skidt** correponds in strength to the English 'muck' or 'dirt'. **Lort**, on the other hand, is much stronger and definitely vulgar. **Skidt** on its own is thus totally accepted in the above expression, as was the case in the phrase **Skidt være med det**! (= 'Never mind!'), which you met earlier in the course. The related compounds, however, are generally considered vulgar:

Han er *skidedum.
He is bloody stupid.

Hun blev *skidetosset.
She got bloody furious.

If people hurt themselves, **Av**! ('Ow!') might be heard, followed by a range of increasingly vulgar exclamations.

Av for katten/Søren/Pokker/*Fanden/*Satan/*Helvede!

Some four-letter English expletives have recently come into common use in Danish, though for the Danes they scarcely carry the vulgar connotations they have in English.

Language point 1

The difference between blev sendt and var sendt

Both expressions are translations of the past passive 'was sent', but while the combination of **blive** + a past participle indicates an action being performed, the combination of **være** + a past participle describes a state or the result of an action. So:

Hvornår blev pakken sendt?
When was the parcel sent?
(=When did the action take place.)

Pakken var sendt, da jeg talte med hende.
The parcel was sent when I spoke to her.
Or: The parcel had been sent when I spoke to her.

There is an **s**-passive in the past tense as well, but it is hardly ever used.

Exercise 1

Translate:

1 All the cakes were eaten, when we came.
2 The children were stopped by (**af**) their teacher.
3 The door was locked all night.
4 It was locked by me at seven o'clock.
5 America was discovered by (**af**) Colombus.

Dialogue 2

Nina is trying to persuade her father to lend her a thousand kroner for a new pair of boots.

NINA: Må jeg låne tusind kroner?
JØRGEN: Det var ikke så lidt! Hvad skal du med dem?
NINA: Jeg har set sådan et par smarte støvler.
JØRGEN: Har du ikke fodtøj nok?
NINA: Ikke støvler. Og jeg får brug for nogen her i den kommende tid.
JØRGEN: Og hvorfor det?
NINA: Jeg vil til at **gå** til skole. Jeg skal have motion. Jeg er blevet for tyk i juleferien.
JØRGEN: Åh, hold op! Det er en dårlig undskyldning. Du har flere par kondisko.

NINA: Du er vel nok en forstående far! Og hvad så, hvis vi får sne?

JØRGEN: Du har bare forelsket dig i de støvler. Vi får ingen sne nu. Det bliver en mild vinter.

NINA: Alle de andre har støvler.

JØRGEN: Der kan du se. Det er det, det drejer sig om. Har du brugt de penge, du fik i julegave?

NINA: Nej, men dem skal jeg bruge til min sommerferie.

Vocabulary

Der kan du se!	There you are!
Det er det, det drejer sig om.	That is what it's all about.

har brug for	need	**fodtøj**	footwear
forelske sig	fall in love	**kondisko**	trainers
mild	mild	**et par**	a pair, a couple

Language point 2

The present participle (the -'ing' form)

The **-(e)nde** ending to a Danish verb corresponds to the '-ing' ending in an English one, but as Danish has no continuous tenses this verbal form is not used nearly so often in Danish as in English, though it is frequently encountered in other connections.

1 It is used as an adjective:

Nina har ikke en forstående far.
Nina hasn't got an understanding father.

2 It is used as a verb, but only together with **komme** and **blive**:

Han blev stående.
He remained standing.

Hun kom kørende.
She came driving (i.e. in her car).

3 It is used as an adverb:

Støvlerne er forbavsende dyre.
The boots are amazingly expensive.

4 And it is used as a noun – on its own:

Vi plejede de døende.
We nursed the dying.

5 The Danish present participle is constructed by adding **-nde** or **-ende** to the infinitive:

Infinitive	Present participle
køre drive	**kørende**
dø die	**døende**

Exercise 2

Change the words in brackets into the **-nde** form:

1 Den (komme) jul er jeg i England.
2 Hun gik (græde) hjem.
3 Skibet kom (sejle) helt hen til os.
4 Peter kom (køre) i sin nye bil.
5 Martin ville helst blive (ligge) i sin seng.
6 Kun for (gå)!
7 Mange (studere) har næsten ingen penge.
8 Damefrisøren var (forbavse) billig.

Reading text 1 ▣▣

Danske aviser (Danish newspapers)

Der er tre store morgenaviser i Danmark: *Berlingske Tidende*, *Politiken* og *Jyllandsposten*. De to første aviser var længe udprægede (*typical*) københavneraviser, og *Jyllandsposten* var Jyllands vigtigste avis, men sådan er det ikke mere. Nu sælges alle tre aviser næsten lige meget over hele landet. *Berlingske Tidende* og *Jyllandsposten* er konservative (*conservative*) aviser, mens Politiken er mere liberal.

Lidt senere på dagen udkommer (*appear*) *Ekstrabladet* og *BT*, som også bliver solgt over hele landet. De har kun halv størrelse (*size*) og fokuserer (*focus*) meget på dagens sensationelle (*sensational*) begivenheder (*events*) og på sport.

Færre og færre mennesker køber aviser i vore dage. Mange går bare ind på avisernes hjemmesider (*home pages*) på internettet, hvor man – enten gratis eller mod betaling (*against payment*) – kan læse om det, man er interesseret i.

Language point 3

Talking about things that are being done

We have earlier dealt with how to talk about things that ought to be done. Here we are going to deal with how to talk about things that are being done. There are three expressions to choose from. The first, with **bliver**, describes an action taking place, and the second, with **er**, describes the state existing after the action. Both expressions correspond to the usage you came across in Unit 10:

> *Politiken* **bliver solgt over hele landet.**
> *Politiken* is (being) sold throughout the whole country.

> *Politiken* **er (ud)solgt, men du kan få** *Jyllandsposten.*
> *Politiken* is sold (out), but you can have *Jyllandsposten*.

However, there is, as already mentioned a third possibility, the **s**-form. This is another present tense and it has the same form as the passive infinitive, which was introduced in Unit 10. It is more or less interchangeable with the **blive** form:

> *Politiken* **sælges** (or **bliver solgt**) **over hele landet.**
> *Politiken* is sold throughout the whole country.

The **s**-form, though, is mainly used where the focus is on the person or the thing that is being acted upon, and not the agent or the actor. The form is frequently seen in advertisements and on signs:

> **Frimærker købes.**
> Stamps are bought.

> **Ure repareres.**
> Watches repaired.

Exercise 3

Newspapers often make use of the present passive tense. How many of these below can you translate?

Danmark kritiseres

Pensionen fryses fast

præst fyres

Motorbåde sælges

sakse og knive slibes ...

Villaer købes

Lejligheder søges

Soldater forsikres

De olympiske arenaer lukkes

Vocabulary

soldat	soldier	**forsikre**	insure
villa	larger detached	**motorbåd**	motorboat
	house	**sælge**	sell
søge*	look for	**fyre**	sack
slibe	sharpen	**fryse**	freeze

Reading text 2

Get the basic information out of these advertisements. You do not need to understand every word.

DET KONGELIGE TEATER

I dag:

kl. 20–22.00: Giselle. Ballet. Gamle scene. *Udsolgt.*

kl. 19.30- 22.30. Den Stundesløse. Skuespil. Nye scene.

OBS. Åbningstid for billetkontoret hverdage kl. 13–20.

Piccolo m/k

16–17 år, søges til at passe telefonen

Arbejdstid efter aftale.

Skriftlig henv.

Advokat Finn Hulså.

CAFÉ SMUKKE MALENE

Har byens bedste pandekager.
Fra 25,00 til 99.00 kr.
Kom og smag!

Åbent hverdage 12–24
Søn- og helligdage 16–24

Kvindegade 25
1210 København K

1 For **kl.**, **kr.** and **m/k**, see below.
2 **København** is divided into different areas with a capital letter attached to each as an area code. **København K**, for instance, indicates the centre of Copenhagen.

Exercise 4

Answer the following questions, looking at the advertisements above:

1 Hvad spiller de på den nye scene i Det Kongelige Teater i dag?
2 Er der udsolgt?
3 Hvornår kan man ringe efter billetter?
4 Hvem søger en piccolo *(messenger)*?
5 Hvor gammel skal piccoloen helst være?
6 Hvad skal han/hun lave på kontoret?
7 Kan man ringe og tale med advokaten *(lawyer)* om jobbet?
8 Hvor ligger pandekagecaféen? (pandekage = *pancake*)
9 Hvornår er der åbent om søndagen?

Extend your vocabulary

The most common abbreviations are:

bl.a.	**blandt andet**	among other things
c. or **ca.**	**cirka**	about
f.eks. or **fx**	**for eksempel**	for instance
g	**gram**	gram
henv.	**henvendelse**	apply to
kg	**kilogram**	kilogram
km	**kilometer**	kilometre
kr.	**krone(r)**	(Danish monetary unit)
l	**liter**	litre
m	**meter**	metre
m²	**kvadratmeter**	square metre
m/k	**mandlig/kvindelig**	m/f (male/female)
m.m.	**med mere**	etc.
osv.	**og så videre**	etc.
tlf.	**telefon**	telephone, tel.

In Danish, **meter**, **kilometre**, **gram** and **litre** have no plural form.

Exercise 5

First read this set of regulations for visitors to a castle park, and then answer the questions:

1 Parken er åben daglig fra 10 til 15.
2 Adgangen til parken er gratis.
3 Cykling er ikke tilladt i parken.
4 Hunde må ikke løbe frit omkring.
5 Græsset må ikke betrædes.
6 Dyrene i parken må ikke fodres.
7 Rygning er forbudt i parken.
8 Biler skal parkeres på P-pladsen 300 m syd for slottet.
9 Kørestole kan lejes.
10 Toiletter findes 100 m inden for indgangen.
11 Restauranten er lukket om onsdagen.

A young couple coming on their bicycles find point 3 on the list relevant for them. Which point (or points!) is relevant to the following people?

A En far, der har børn og bolde med.

B En familie, der har glemt deres penge hjemme.

C Et ægtepar, der har taget gammelt brød med til ænderne.

D En ældre mand, der elsker en pibe tobak, når han går tur i parken.

E En mor med et lille barn, der skal på WC.

F Et par unge mennesker, der kommer fem minutter over tre.

Vocabulary

adgang	admission	**ægtepar**	married couple
ænderne	the ducks	**betræde**	walk on
cykling	cycling	**fodre**	feed
forbudt	prohibited	**græs**	grass
gratis	free	**inden**	before, until
indgang	entrance	**kørestol**	wheelchair
pibe	pipe	**p-plads**	parking area
rygning	smoking	**tilladt**	allowed
tobak	tobacco	**toilet/wc**	toilet

Exercise 6

Three dialogues between two young friends. They are in a flat in Copenhagen and it is early evening. Write down possible exchanges on the lines. The newspaper advertisements above can give you some ideas.

A: Jeg har lyst til at gå i teateret i aften. Hvad spiller de på det kongelige?

B: _____

A: Nej, det er vist på den nye scene. Jeg kan bedre lide den gamle scene. Hvad spiller de der?

B: _____

A: Den vil jeg gerne se. Vil du ringe efter billetter?

B: _____

A: Det var synd. Hvad skal vi så lave?

B: _____

A: Nej, jeg var i biografen i går. Jeg gider ikke gå i biografen i dag igen.

A: Jeg er sulten. Skal vi ikke gå ud at spise?

B: _____

A: Nej, jeg gider ikke spise pandekager. Så bliver jeg aldrig mæt. Der ligger en ny fransk restaurant her nede på hjørnet. Den vil jeg gerne prøve.

B: _____

A: Ja, de åbner klokken seks.

B: _____

A: Nej, jeg har set på priserne. De er ikke slemme. Og jeg elsker fransk mad.

B: _____

A: Så finder vi en, der har almindelig dansk mad.

A: Lad os tage på diskotek i aften! Jeg trænger til at komme ud af lejligheden.

B: _____

A: Du kan gå i svømmehallen i morgen aften i stedet for.

B: _____

A: Ja, men vi tager en taxa derhen.

B: _____

A: Så skal jeg nok betale den. Jeg vil gerne hen på det diskotek igen.

B: _____

A: Ja, for en måned siden. Sammen med min bror.

B: _____

A: Jeg kender heller ikke nogen derhenne. Men vi skal nok få en god aften.

Test yourself

1 When I came home, the door was locked.
2 The letter was immediately hidden.
3 He came in singing.
4 She remained (sitting) in her chair.
5 I have a shining new bike.

Ready-reference grammar

Gender

There are two genders in Danish: Common and Neuter.

Articles

Unless used together with adjectives, the definite and indefinite articles in Danish are virtually the same, and are distinguished by position rather than form. The indefinite article, **en** or **et**, precedes the noun, as in English. The definite article is attached to the end of the noun to which it refers: **-en**, **-et**. The form of the plural definite article is: **-(e)ne**.

A different article, **den**, **det**, **de**, is used if combined with an adjective.

Nouns

dag:	**en dag**	**dagen**	**dage**	**dagene**
uge:	**en uge**	**ugen**	**uger**	**ugerne**
måned:	**en måned**	**måneden**	**måneder**	**månederne**
år:	**et år**	**året**	**år**	**årene**

Adjectival declension

fin:	**en fin dag**	**den fine dag**	**de fine dage**
	et fint hus	**det fine hus**	**de fine huse**
	Dagen er fin.	**Dagene er fine.**	
	Huset er fint.	**Husene er fine.**	

Adjectival comparison

Adjectives compare either by adding **-ere** or **-est**, or by preceding the adjective by **mere** and **mest**:

smuk	**smukkere**	**smukkest**
interessant	**mere interessant**	**mest interessant**

Personal pronouns

As subject	In all other cases
jeg	**mig**
du/De	**dig/Dem**
han/hun/den/det/man	**ham/hende/den/det/en**
vi	**os**
I/De	**jer/Dem**
de	**dem**

Reflexive pronouns are **mig**, **dig/Dem**, **os**, **jer/Dem** in 1st and 2nd person, **sig** in 3rd person singular and plural.

Reciprocal pronoun: **hinanden**.

Possessive pronouns/Possessive adjectives

Singular	Plural
min/mit	**mine**
din/dit/Deres	**dine/Deres**
hans/hendes/dens/dets/ens	**hans/hendes/dens/dets/ens**
sin/sit	**sine**
vores	**vores, vore**
jeres/Deres	**jeres/Deres**
deres	**deres**

Demonstrative pronouns and adjectives

	Singular	Plural
Common	*Neuter*	
den	det	de
denne	dette	disse
sådan	sådant	sådanne
samme	samme	samme

Interrogatives

who – **hvem**   whose – **hvis**
what – **hvad**   which – **hvilken/hvilket/hvilke**

Relatives

As subject	As object	Genitive
som	som	hvis
der		
hvem	hvem	
hvad	hvad	
hvilken/hvilket/hvilke		

Indeterminates

	Singular	Plural
Common	*Neuter*	
anden	andet	andre
ingen	intet	ingen
nogen	noget	nogle/nogen
(mangen)	(mangt)	mange
(megen)	meget	

Numerals

See Units 1, 3, 4.

Verbs

Active forms

Infin.	*Stem*	*Pres.*	*Past*	*Pres. part.*	*Past part.*
elske	**elsk**	**elsker**	**elskede**	**elskende**	**elsket**

Irregular verbs used will have their inflections indicated in the Glossary.

Passive forms

Infin.	*Pres.*	*Past*
hentes	**hentes**	**hentedes**
blive hentet	**bliver hentet**	**blev hentet**
høres	**høres**	**hørtes**
blive hørt	**bliver hørt**	**blev hørt**

Modal verbs

Infin.	*Pres.*	*Past*	*Past part.*
ville	**vil**	**ville**	**villet**
skulle	**skal**	**skulle**	**skullet**
kunne	**kan**	**kunne**	**kunnet**
matte	**må**	**måtte**	**måttet**
burde	**bør**	**burde**	**burdet**
turde	**tør**	**turde**	**turdet**

Word order

For information on word order see Units 1, 2, 6, 9, 11 and 13.

Key to exercises

Unit 1

Exercise 1

1 med 2 hedder 3 både og 4 ikke 5 en 6 til 7 er

Exercise 3

englænder, engelsk, Danmark, dansk, tysker, tysk, Amerika, amerikaner

Exercise 4

1 du 2 hun 3 de 4 han 5 vi 6 I

Exercise 6

1d 2g 3a 4f 5b 6c 7e

Exercise 7

syv (7) seksten (16)

Exercise 8

er, går, hedder, rejser, taler
børn, englænder, lærer, sekretær, søster
du, han, hun, jeg, vi
elleve, syv, to, tolv, tre

Test yourself

1 Jeg er englænder, men jeg taler dansk.
2 Hun er ikke gift.
3 Han har tre børn.

Unit 2

Exercise 1

1 en dag, dagen 2 en englænder, englænderen 3 en lærer, læreren
4 et kort, kortet 5 en konge, kongen 6 et år, året

Exercise 2

1 konen 2 huset 3 morgenen 4 en lærer 5 manden 6 huset
7 familien 8 en søn 9 en datter 10 datteren 11 undervisningen
12 en ø 13 bilen 14 byen 15 øen 16 fa(de)ren 17 et øjeblik
18 hjulet 19 sønnen 20 toget

Exercise 4

1i 2h 3a 4b 5d 6c 7g 8f 9e 10j

Exercise 5

1 engelsk 2 skole 3 taler 4 syv 5 dag

Exercise 6

1 Derovre står Martins søster. 2 Nu bor jeg i København.
3 Her i Danmark har vi en dronning. 4 Øst for Jylland ligger
Fyn og Sjælland. 5 Her i Køge har vi mange turister. 6 I Jylland
regner det.

Exercise 7

1c 2g 3a 4e 5f 6b 7d

Test yourself

1 Hvem er du? Hvad består Danmark af?
2 Huset er/ligger i Køge. Byen ligger på Sjælland.
3 Hvor er Strøby? Det ved jeg ikke.

Unit 3

Exercise 1

65, 87, 48, 26, 31, 59, 94, 72

Exercise 2

1 vindruer 2 vindruerne 3 æbler 4 pærer 5 bananer 6 en banan
7 børnene 8 familie 9 dyr 10 en kat 11 en hund 12 fisk 13 katten
14 musene 15 kælderen

Exercise 3

1 Fem af lærerne 2 En af turisterne 3 Et af børnene
4 fire af familierne 5 to af checkene

Exercise 6

1 Jo 2 Nej 3 Nej 4 Jo 5 Ja 6 Jo på internettet

Exercise 7

1d 2f 3g 4a 5c 6e 7b

Test yourself

1 Han har tre biler.
2 Hvad koster bananerne?
3 Handler du på internettet?

Unit 4

Exercise 1

første, anden, tredje, fjerde, femte, sjette, syvende, ottende, niende, tiende, ellevte, tolvte, trettende, fjortende, femtende, sekstende, syttende, attende, nittende, tyvende

Exercise 2

1 januar 2 maj 3 december 4 januar 5 marts/april 6 maj 7 juli 8 november

Exercise 3

arbejdede/arbejdet, handlede/handlet, huskede/husket, lavede/lavet, parkerede/parkeret, vekslede/vekslet

Exercise 4

1 give/gav 2 gå/gik 3 hjælpe/hjalp 4 kunne/kunne 5 ligge/lå 6 måtte/måtte 7 skrive/skrev 8 skulle/skulle 9 tage/tog

Exercise 5

1 Købte du ikke bananer i går? 2 Betalte du ikke bageren i går? 3 Hentede du ikke kørekortet i går? 4 Indløste du ikke checken i går? 5 Vekslede du ikke pengene i går? 6 Talte du ikke med Ninas lærer i går?

Exercise 6

1 boede 2 købte 3 hilste 4 talte 5 kostede 6 holdt 7 betalte

Exercise 7

2 Jeg havde lyst til at købe nogle æbler. 3 Jeg havde lyst til at fortælle det til Jørgen. 4 Jeg havde lyst til at holde en stor fest. 5 Jeg havde lyst til at give UNICEF nogle penge. 6 Jeg havde lyst til at rejse hjem. 7 Jeg havde lyst til at ringe til mor. 8 Jeg havde lyst til at ønske ham tillykke.

Exercise 8

1 forkert 2 rigtigt 3 forkert 4 forkert 5 rigtigt

Exercise 9

1a 2c 3b 4c 5c 6b 7c

Test yourself

1 Det er min fødselsdag den ottende juni.
2 Det er næsten altid pinse i maj.
3 Hun parkerede bilen i haven.
4 Jeg har aldrig mødt dronningen.

Unit 5

Exercise 2

1 er 2 har 3 er 4 er 5 har 6 har 7 har 8 har

Exercise 3

1b 2e 3f 4c 5g 6d 7a

Exercise 4

Har du betalt fiskehandleren? Har du afbestilt avisen? Har du ringet til skolen? Har du låst køkkendøren? Har du slukket lyset? Har du tømt skraldespanden? Har du lukket garagen?

Exercise 5

1d 2c 3b 4e 5f 6a

Exercise 6

1 Det er ikke min fødselsdag i dag. 2 I går regnede det ikke. 3 Skal du ikke gå nu? 4 Kom han ikke for sent? 5 Om tirsdagen er det ikke torvedag. 6 Han taler ikke fransk. 7 Påsken ligger ikke i marts i år. 8 Vi har ikke ventet med middagen.

Exercise 7

1 Jeg fik ikke mit kørekort. 2 Jeg kan ikke bruge mobiltelefonen. 3 Min sekretær er ikke kommet i dag. 4 Skal du ikke indløse checken? 5 Jeg har ikke været hjemme hele dagen. 6 Han bruger aldrig aftershave. 7 Vil du ikke komme til min fødselsdag?

Exercise 9

1 oversat 2 lukket 3 ringet 4 låst 5 husket 6 tømt 7 gemt 8 vasket

Test yourself

1 Hallo. Må jeg tale med fru Nielsen?
2 Det er mig.
3 Han har ikke købt en computer.
4 Har du ikke købt et hus?
5 Han er gået/taget hjem.
6 Hun kom for en uge siden.
7 Hun er her hver tirsdag.

Unit 6

Exercise 1

dyr dyrt dyre, engelsk engelsk engelske, forkert forkert forkerte, hurtig hurtigt hurtige, langsom langsomt langsomme, sen sent sene, tidlig tidligt tidlige, travl travlt travle, vigtig vigtigt vigtige

Exercise 2

1 engelske 2 gode 3 langsomme 4 vigtigt 5 travl 6 forkerte 7 friske 8 trætte 9 dyrt

Exercise 4

1 Jeg kan flytte til Tyskland. 2 Jeg kan slukke lyset. 3 Jeg kan sige ja til invitationen. 4 Jeg kan drikke kaffe. 5 Jeg kan tage en ny. 6 Jeg kan rejse til Japan. 7 Jeg kan sende en e-mail.

Exercise 5

Man kan synge en sang. Man kan veksle penge. Man kan fortælle en historie. Man kan drikke en øl. Man kan låse en dør. Man kan parkere en bil. Man kan spise et æble. Man kan fejre en fødselsdag.

Exercise 6

1 Må jeg lukke døren? 2 Må jeg spise kagen? 3 Må jeg bruge telefonen? 4 Må jeg ringe senere? 5 Må jeg flytte bordet? 6 Må jeg låne din kone?

Exercise 7

(Suggestions) 1 Du må ikke parkere bilen i byen. 2 Du må ikke låne penge af børn. 3 Du må ikke drikke rødvin. 4 Du må ikke købe et stort hus. 5 Du må ikke bruge mobiltelefonen så meget.

Exercise 8

(Suggestions) 1 Jeg vil gerne have en engelsk avis. 2 Jeg vil gerne have en øl. 3 Gid jeg havde en masse penge. 4 Gid jeg havde en smuk kone. 5 Jeg vil gerne se København. 6 Jeg ville gerne høre Kiri te Kanawa. 7 Gid det var sommer.

Test yourself

1 De købte et gammelt hus.
2 Den nye bil var dyr.
3 Turisterne er syge.
4 Må jeg låne huset i juli?
5 Kan du synge?
6 Du må ikke drikke kaffe.

Unit 7

Exercise 2

1 Gem computeren! 2 Vask katten! 3 Hjælp Nina! 4 Flyt bordet! 5 Spis guleroden! 6 Tag bilen! 7 Køb nu, betal senere!

Exercise 2

1 Lad være med at købe bilen! 2 Lad være med at spise grøntsagerne! 3 Lad være med at bruge en mobiltelefon! 4 Lad være med at betale ham! 5 Lad være med at vente med middag(en)!

Exercise 3

1 Pamelas oksesteg 2 dagens vittighed 3 Familiens sommerferie 4 børnenes forældre 5 Butikkernes vinduer

Exercise 4

1 vores 2 din 3 hendes 4 sin (if it is his own, otherwise: hans) 5 dine 6 deres 7 sit (if it is his own, otherwise: hans) 8 sin (if it is his own, otherwise: hans) 9 deres 10 deres vores 11 hans 12 sine (if it is her own, otherwise: hendes)

Exercise 5

morbror (mother's brother), fætter (male cousin), kusine (female cousin)

Exercise 8

1 Ja 2 Nej 3 Jo 4 Nej 5 Ja 6 Jo 7 Nej 8 Jo 9 Ja 10 Nej

Test yourself

1 Computere! Jeg hader dem!
2 Du behøver ikke (at) komme. Glem det!
3 Undskyld, hvad siger du?
4 Fars cykel er gammel.
5 Hun kan ikke lide sin svigerfar.
6 Han er meget glad for hendes far.

Unit 8

Exercise 1

1 Vil du ikke lige bestille en billet? 2 Vil du ikke lige flytte bordet? 3 Vil du ikke lige hente rødvinen? 4 Vil du ikke lige hjælpe mig? 5 Vil du ikke lige holde nøglen? 6 Vil du ikke lige komme herover? 7 Vil du ikke lige slukke lyset?

Exercise 2

1 Vi skal tale med farmors hjemmehjælp. 2 Vi skal sende brevet til Oxford. 3 Vi bliver nødt til at betale tømreren i dag. 4 Vi skal købe et taletidskort til mobiltelefonen. 5 Vi skal veksle nogle danske penge til Euro i banken.

Exercise 3

1 han should be hun. 2 rejser should be rejse. 3 på should be til. 4 syner should be synes. 5 Either et brev or to breve.

Exercise 4

For instance: Jeg har lyst til at spille golf. Jeg gider ikke skrive breve.

Exercise 5

1 Skal vi ikke gå i teatret? 2 Skal vi ikke køre til Tyskland? 3 Skal vi ikke drikke en kop kaffe? 4 Skal vi ikke gå hjem? 5 Skal vi ikke købe et nyt køkken?

Exercise 6

1 fiskere/fiskerne 2 svenskere/svenskerne 3 malere/malerne 4 slagtere/slagterne 5 teknikere/teknikerne 6 politikere/politikerne

Test yourself

1 Vil du være så venlig at gå i seng.
2 De bliver nødt til at flytte bordet.
3 Hun vil ikke spise min mad.

4 Jeg har lyst til at besøge din tante i dag.
5 Jeg gider ikke tage til Odense igen.
6 Skulle vi ikke betale Martin nu?

Unit 9

Exercise 1

Drikkevarer: danskvand, kaffe, rødvin, snaps, sodavand, te, øl
Frugt: pærer, vindruer, æbler
Grøntsager: gulerødder, kartofler, løg, tomater
Kød og fisk: laks, makrel, oksesteg, rødspætter, torsk
Brød og kager: franskbrød, kager, rugbrød, rundstykker, wiener-
brød
Mælkeprodukter: ost, smør

Exercise 3

1 ... , skal jeg nok spise den. 2 Jeg skal nok betale avisen, ...
3 Jeg skal nok købe huset, ... 4 ... , skal jeg nok finde nøglen.
5 ... .., skal jeg nok hjælpe din bror. 6. Jeg skal nok blive
hjemme, ...

Exercise 5

6, 10, 4, 2, 1, 9, 3, 7, 5, 8

Exercise 6

1 Det er færdigt. 2 Det er fransk. 3 Det er forkert.
4 Der er ikke langt fra Danmark til Tyskland.
5 Det er langsomt. 6 Det er moderne.

Exercise 7

(Suggestions)

1 Jeg er bange for, jeg ikke kan finde hjem. 2 Jeg forstår desværre
ikke fransk. 3 Jeg kan desværre ikke gøre det. 4 Jeg er bange for,
vi er nødt til at gå hjem nu. 5 Jeg har desværre ikke nogen
kontanter. 6 Jeg kan desværre ikke vente.

Exercise 9

1 rigtigt 2 rigtigt 3 rigtigt 4 forkert 5 rigtigt 6 forkert

Test yourself

(All suggestions)

1 Må jeg bede om osten? Vil du række mig osten?
2 Jeg kan bedre lidt Køge end København. Jeg foretrækker Køge fremfor København.
3 Jeg skal nok drikke rødvinen.
4 Det er billigt at sejle.
5 Jeg tør ikke købe en dyr frakke.
6 Jeg glemte desværre mødet. Jeg er bange for, jeg glemte mødet.

Unit 10

Exercise 1

2 Hold op med at slå ham! 3 Hold op med at bande! 4 Hold op med at give dem penge! 5 Hold op med at lyve! 6 Hold op med at synge så højt!

Exercise 2

2 Hun bør/burde rede min seng. 3 Hun bør/burde huske telefonsvareren. 4 Hun bør/burde aldrig glemme sine nøgler. 5 Hun bør/burde ikke bruge min computer. 6 Hun bør/burde ikke spise løg.

Exercise 3

1 Det skal findes. 2 De skal betales. 3 Det skal drikkes. 4 De skal spises. 5 Det skal sendes. 6 Det skal vaskes. 7 Den skal fejres.

Exercise 4

1 salt 2 smør 3 kaffe 4 løg 5 kød 6 øl

Exercise 5

2 Den er blå. 3 De er orange. 4 Den er gul. 5 Det er brunt.

Exercise 6

2 Han har en eller anden kæreste med. 3 Hun kommer fra et eller andet sted i Tyskland. 4 Hun har en eller anden gave med til dig. 5 Jeg tror, jeg har sagt et eller andet galt. 6 De har fortalt Pamela et eller andet om mig.

Exercise 7

1 hende 2 os 3 ham 4 dem 5 jer 6 mig

Exercise 8

1 Børnene kedede sig. 2 Vi satte os ved køkkenbordet. 3 Han vaskede sig i morges. 4 De skal skynde sig. 5 Hunden lagde sig under bordet. 6 Du skal rejse dig op fra stolen, når de kommer. 7 Jeg slog mig på badekarret. 8 De lagde sig på sengene.

(Saying 'fra din stol' and 'på deres senge' would not be a mistake!)

Exercise 9

2 De plejer at tale fransk sammen. 3 Det plejer at være godt vejr i maj. 4 Vi plejer at spise klokken 6. 5 Hun plejer at vaske om mandagen.

Test yourself

1 Du bør/burde hjælpe ham.
2 Regningerne skal betales.
3 Kan du høre mig?
4 Det var en god film. Jeg så den i går.
5 Min bror var uheldig. Han skar sig.

Unit 11

Exercise 1

2 Det kan godt være, hun er i København. 3 Det kan godt være, han spiller badminton. 4 Det kan godt være, han var syg. 5 Det kan godt være, de er trætte af Danmark. 6 Det kan godt være, det var for dyrt.

Exercise 2

1 ud 2 ned 3 hjemme 4 ud 5 op 6 henne/ovre 7 hen 8 hjem

Exercise 3

1 synes 2 tror 3 forestille mig 4 synes 5 tænke 6 tror 7 synes 8 forestille mig 9 synes 10 tror

Exercise 4

1 blev 2 var 3 studerede 4 blev 5 arbejdede 6 gik 7 havde 8 var 9 skrev 10 skrev 11 oversatte 12 rejste 13 boede 14 fik 15 var 16 gik 17 sad 18 sov 19 giftede 20 fik 21 var 22 døde

Exercise 5

2 Nej, det gjorde han ikke. 3 Ja, det gjorde han. 4, Jo, det gjorde han. 5 Ja, det gjorde han. 6 Nej, det gjorde han ikke. 7 Nej, det var han ikke. 8 Ja, det gjorde han. 9 Jo, det er han.

Exercise 6

1 ... , fordi de ikke har mælk i huset. 2 ... , fordi Martin ikke har gjort det. 3 ... , fordi den ikke er færdig. 4 ... , hvis han ikke er i skolegården. 5 ... , så den ikke bliver for gammel. 6 ... , når Pamela ikke er hjemme.

Exercise 7

1 Bageren sælger brød og kager. 2 Bankassistenten arbejder med penge. 3 Damefrisøren klipper og vasker hår. 4 Fiskehandleren sælger torsk og rødspætter. 5 Hjemmehjælpen hjælper gamle mennesker. 6 Julemanden kommer med gaver til rare børn. 7 Lægen ser til syge mennesker. 8 Sekretæren skriver breve for direktøren.

Exercise 8

1 forkert 2 forkert 3 rigtigt 4 rigtigt 5 forkert 6 rigtigt

Test yourself

1 Han er (inde) i værelset.
2 Han gik ind i værelset.
3 Jeg kan ikke tænke i dag.
4 Jeg tror, jeg vil tage/gå hjem.
5 Har du en cykel? Ja, det har jeg.
6 Ser han tv? Ja, det gør han.
7 Hvis han ikke tager telefonen, er han i haven.

Unit 12

Exercise 1

1c 2e 3a 4b 5d

Exercise 2

1 flere 2 flere 3 flere 4 mere 5 mere 6 flere 7 mere 8 flere

Exercise 3

1 Det meste af brødet 2 De fleste af danskerne 3 De fleste af skolerne 4 De fleste af kirkerne 5 Det meste af himlen 6 det meste af landet 7 de fleste af landene

Exercise 4

1 flere 2 meste 3 flere 4 Flere 5 flere 6 fleste

Exercise 5

1 dyrere 2 ældre 3 bedre 4 længere 5 mindre 6 større 7 mere moderne 8 større

Exercise 6

1 de største 2 den koldeste 3 den dygtigste 4 de mest spændende 5 den mærkeligste 6 det hyggeligste hus 7 den bedste fødselsdag

Exercise 7

Some of the answers below are longer than necessary. Shorter ones and other variations will also often do.

1 *Hans Hedtoft* sejlede fra København. 2 Det skulle til Grønland. 3 Om vinteren. 4 Den hed Qaqortoq. 5 Det var meget dårligt. 6 Den hed *Johannes Krüss*. 7 Klokken 17.41. 8 Der stod kun tre ord. 9 Det sidste trawleren hørte var 'Vi synker langsomt'. 10 De døde/forsvandt/druknede. 11 Man fandt redningskransen to år senere.

Test yourself

1 Han drak det meste af min kaffe.
2 Hun tog de fleste af kagerne.
3 De har flere biler, end vi har.
4 Vi havde mere solskin i går.
5 Hvorfor er hans kone smukkere end min?
6 Det er et af de ældste huse, jeg har set.

Unit 13

Exercise 1

1 en damefrisør 2 et køkkenbord 3 en snestorm 4 et taletidskort 5 en vinduesplads 6 en nytårsdag 7 en julegave 8 en opvaske-maskine

Exercise 2

1d 2g 3b 4a 5c 6e 7f

Exercise 3

1c 2a 3b 4f 5d 6e

Exercise 4

1 gammel/ung, 2 kedelig/spændende 3 lang/kort 4 stor/lille 5 mæt/sulten 6 hurtig/langsom 7 smuk/grim 8 tyk/tynd 9 god/dårlig

Exercise 6

Hvor skal I hen? Hvor skal I bo? Hvornår skal I afsted? Skal I flyve? Taler I spansk?

Exercise 7

1f 2c 3a 4g 5b 6d 7e

Test yourself

1 Klokken er tre.
2 Den er halv syv.
3 Den er tyve minutter i otte.
4 Den er (et) kvarter over et.
5 Jeg hader regn. – Det gør jeg også.
6 Må jeg hjælpe dig?

Unit 14

Exercise 1

1c 2d 3e 4f 5a 6b

Exercise 2

1 Det her kontor er meget koldt. 2 De her stole er meget gamle. 3 Den her besked er til dig. 4 Den her sommerferie har været meget dyr. 5 De her penge er min fars. 6 Den her sommer er den varmeste, vi har haft.

Exercise 3

1 åbne 2 gammelt 3 sikkert 4 gamle 5 sultne 6 simpel

Exercise 4

1 Ved 2 Kender 3 ved 4 kender 5 ved 6 vidste 7 vidste 8 kendte

Exercise 7

A: church B: library C: supermarket D: museum E: town hall

Test yourself

1 Den koster en seks-otte kroner.
2 Jeg kender Peter.
3 Det her hus er gammelt.
4 De her veje er gamle.
5 Vil du have en øl?
6 Nej tak. Jeg vil hellere have en kop kaffe.

Unit 15

Exercise 1

1 nogen 2 noget 3 noget 4 nogle 5 noget 6 noget 7 nogen 8 nogle
9 noget 10 nogle

Exercise 2

(a)2 (b)5 (c)8 (d)9 (e)7 (f)1 (g)4 (h)3

Exercise 3

1 Jeg har ondt i hovedet, 2 ondt i maven, 3 ondt i tænderne,
4 ondt i ørerne

Exercise 4

1 Jeg håber, du har det bedre i dag. 2 Jeg håber ikke, det er for
sent. 3 Jeg håber ikke, du bliver syg. 4 Jeg håber ikke, det gør
ondt. 5 Jeg håber ikke, han har feber. 6 Jeg håber, din hovedpine
er væk.

Exercise 5

1e 2c 3d 4b 5a

Exercise 6

1 tæer 2 arm 3 tænderne 4 skuldrene 5 krop 6 fingre 7 munden 8 hovedet 9 tandpine

Exercise 7

1 Vi tager toget til København. 2 Vi låner nogle penge fra/af/i banken. 3 Jeg betaler regningerne (i) næste uge. 4 Flyet lander klokken tre. 5 Vi tager til England i maj.

Exercise 8

3, 4, 5, 6

Test yourself

1 Har vi nogen hovedpinetabletter?
2 Ja, jeg har nogle i mit værelse.
3 Hvordan har børnene det i dag? De har det bedre.
4 Jeg har ondt i fingeren.
5 Vi kommer næste uge.
6 Kender du en pige, der hedder Sue?

Unit 16

Exercise 1

1 vel? 2 ikke? 3 ikke? 4 vel? 5 ikke? 6 ikke? 7 vel?

Exercise 3

1 sko, sokker, støvler, sandaler, træsko, strømpebukser
2 kasket, hat, tørklæde, hue
3 handsker
4 bukser, nederdel, cowboybukser, strømpebukser, underkjole, underbukser
5 trøje, bluse, jakke, butterfly, slips, skjorte, underkjole, brystholder

Exercise 4

1 Han gik langsomt. 2 Det er let/nemt gjort. 3 Han talte venligt/pænt til hende. 4 Huset var specielt bygget til dem.

Exercise 5

1 Gitte 2 Bente 3 Morten, Tina, Gitte 4 Bente 5 Tina 6 Gitte

Test yourself

1 Du så filmen, ikke?
2 Hun var ikke hjemme, vel?
3 Hun var smuk, da hun var ung.
4 Når vi så dem, var de altid smarte.
5 Han er langsom.
6 Han kom langsomt hen imod os.
7 Vi drak al kaffen.
8 Vi spiste alle æblerne.
9 Sikke(n) en dejlig aften!

Unit 17

Exercise 1

3 Jeg så dem lege i haven. 4 Jeg så ham gå ind i klubhuset. 5 Jeg hørte dem råbe om hjælp. 6 Jeg så hende forlade huset. 7 Jeg hørte det falde på gulvet. 8 Jeg så det sejle ind i havnen.

Exercise 2

1c 2d 3a 4g 5b 6f 7e

Exercise 3

1 fik 2 havde 3 har 4 fik 5 har 6 har 7 fik 8 får

Exercise 4

2 Han fik mig til at spise fisk på min fødselsdag. 3 Han fik mig til at parkere bilen et forkert sted. 4 Han fik mig til at drikke fire snaps. 5 Han fik mig til at ringe til min gamle kæreste. 6 Han fik mig til at sige 'Mange tak' på dansk.

Exercise 6

The words should be inserted in this order: venner, øje, horisonten, århundrede, gerne, blev, sænkede, med, til, tid

Test yourself

1 Jeg hørte ham komme.
2 Jeg gad vide, om han er hjemme.
3 Vi har ikke nogen penge/ingen penge.
4 Det lykkedes mig at læse hendes brev.
5 Hvad fik du/I at spise?

Unit 18

Exercise 1

1 Alle kagerne var spist, da vi kom. 2 Børnene blev stoppet af deres lærer. 3 Døren var låst hele natten. 4 Den blev låst af mig klokken syv. 5 Amerika blev opdaget af Colombus.

Exercise 2

1 kommende 2 grædende 3 sejlende 4 kørende 5 liggende 6 gående 7 studerende 8 forbavsende

Exercise 3

Denmark is criticized. The pension is frozen. Clergyman is sacked. Motorboats for sale. Detached houses wanted. Soldiers are insured. Scissors and knives sharpened. Flats wanted. The Olympic arenas are closing.

Exercise 4

1 Den Stundesløse. 2 Nej. 3 På hverdage (*weekdays*) mellem 13 and 20. 4 Finn Hulså. 5 En 16–17 år. 6 Passe telefonen. 7 Nej. 8 Kvindegade 25. 9 Fra 16 til 24.

Exercise 5

A: 5 B: 2 C: 6 D: 7 E: 10 F: 1 – and possibly more!

Test yourself

1 Da jeg kom hjem, var døren låst.
2 Brevet blev straks gemt.
3 Han kom syngende ind.
4 Hun blev siddende i sin stol.
5 Jeg har en skinnende ny cykel.

English–Danish glossary

A

a	en, et
able (be able to)	kunne
about	om, på
across	over
afraid	bange
again	igen
against	imod
aeroplane	fly
all	al, alt, alle, hel
allowed to	måtte
always	altid
America	Amerika
American	amerikaner
among	mellem
an	en, et
and	og
animal	dyr
answerphone	telefonsvarer
any	nogen
apple	æble
April	april
arena	arena
arm	arm
ask	bede, spørge
at	ved
aunt	tante
away	afsted, væk

B

bad	dårlig
badminton	badminton
baker	bager
banana	banan
bank	bank
bank clerk	bankassistent
basement	kælder
bath tub	badekar
be	være
beat (vb)	slå
beautiful	smuk
because	fordi
become	blive
bed	seng
beef roast	oksesteg
beer	øl
believe	tro
below	under
best	bedst
better	bedre
between	mellem
bicycle	cykel
big	stor
bigger	større
biggest	størst
bill	regning
bin	skraldespand
birthday	fødselsdag
blouse	bluse
blue	blå

body	**krop**	change	**veksle**
boot	**støvle**	cheap	**billig**
bored	**kede sig**	cheese	**ost**
(be bored)		cheque	**check**
borrow	**låne**	child	**barn**
both and	**både og**	Christmas	**jul**
bother	**gide**	Christmas	**julegave**
(be bothered)		present	
bow tie	**butterfly**	church	**kirke**
boyfriend	**kæreste**	clean	**ren**
bra	**brystholder**	clever	**dygtig**
bread	**brød**	clock	**ur**
bread, white	**franskbrød**	clog	**træsko**
briefs	**underbukser**	club house	**klubhus**
brother	**bror**	coat	**frakke**
brown	**brun**	cod	**torsk**
build	**bygge**	coffee	**kaffe**
busy	**travl**	cold	**kold**
butcher (n)	**slagter**	come	**komme**
butter	**smør**	comfortable	**hyggelig**
buy	**købe**	computer	**computer**
by	**af, ved**	congratulations	**tillykke**
		consist of	**bestå af**
C		Copenhagen	**København**
		cost (vb)	**koste**
cake	**kage**	cosy	**hyggelig**
called	**hedde**	country	**land**
(to be called)		cousin (female)	**kusine**
cancel	**aflyse**	cousin (male)	**fætter**
cap	**hue**	criticize	**kritisere**
car	**bil**	cry	**råbe**
card	**kort**	crying	**grædende**
cardigan	**trøje**	cup	**kop**
carpenter	**tømrer**	cut (vb)	**klippe, skære**
carrot	**gulerod**		
cash (n)	**kontanter**	**D**	
cash (vb)	**indløse**		
cat	**kat**	Dane	**dansker**
celebrate	**fejre, holde**	Danish	**dansk**
cellar	**kælder**	Danish pastry	**wienerbrød**
century	**århundrede**	dare	**turde**
chair	**stol**	daughter	**datter**

day	**dag**	enjoy	**more**
December	**december**	enough	**nok**
Denmark	**Danmark**	essential	**vigtig**
deodorant	**deodorant**	Euro	**Euro**
die	**dø**	evening	**aften**
dinner	**middag**	every	**hver**
disappear	**forsvinde**	exciting	**spændende**
discover	**opdage**	expensive	**dyr**
dishwasher	**opvaske-**	eye	**øje**
	maskine		
do (*vb*)	**lave, gøre**	**F**	
doctor	**læge**		
dog	**hund**	fall (*vb*)	**falde**
door	**dør**	family	**familie**
down	**ned**	fast	**hurtig**
drink (*vb*)	**drikke**	father	**far**
drinks	**drikkevarer**	Father Christmas	**julemanden**
drive (*vb*)	**køre**	father	**far**
driving	**kørende**	father-in-law	**svigerfar**
driving licence	**kørekort**	fetch	**hente**
drown	**drukne**	fever	**feber**
dry	**tør**	fifteenth	**femtende**
during	**om**	fifth	**femte**
		film	**film**
		find	**finde**
E		finger	**finger**
		finished	**færdig**
ear	**øre**	fire	**fyre**
early	**tidlig**	first	**først**
east	**øst**	fish	**fisk**
Easter	**påske**	fisherman	**fisker**
easy	**let, nem**	fishmonger	**fiskehandler**
eat	**spise**	five	**fem**
eight	**otte**	fizzy water	**sodavand**
eighteenth	**attende**	flat (*n*)	**lejlighed**
eighth	**ottende**	floor	**gulv**
eleven	**elleve**	fly (*vb*)	**flyve**
eleventh	**ellevte**	food	**mad**
e-mail	**e-mail**	for	**for, om, til**
empty (*vb*)	**tømme**	forget	**glemme**
England	**England**	four	**fire**
English	**engelsk**	fourteenth	**fjortende**
Englishman	**englænder**		

fourth	**fjerde**	he	**han**
freeze	**fryse (fast)**	head	**hoved**
French	**fransk**	headache	**hovedpine**
fresh	**frisk**	headache tablet	**hovedpine-**
friend	**ven**		**tablet**
friendly	**venlig**	hear	**høre**
from	**af, fra**	hello	**hallo**
fruit	**frugt**	help (*vb*)	**hjælpe**
full up (of food)	**mæt**	her	**hende, hendes**
further	**længere**	her (own)	**sin**
		here	**her**
G		hers	**hendes**
		herself	**sig**
garage	**garage**	hide (*vb*)	**gemme**
garden	**have**	high	**høj**
German (*n*)	**tysker**	him	**ham**
German (*adj*)	**tysk**	himself	**sig**
Germany	**Tyskland**	his (own)	**sin**
get	**få**	his	**hans**
girl	**pige**	history	**historie**
girlfriend	**kæreste**	hit (*vb*)	**slå**
give	**give**	hold (*vb*)	**holde**
gloves	**handsker**	home	**hjem**
go	**rejse, tage**	home (at home)	**hjemme**
golf	**golf**	home help	**hjemmehjælp**
good	**god**	hope (*vb*)	**håbe**
grandmother	**farmor**	horizon	**horisont**
grape	**vindrue**	house	**hus**
Greenland	**Grønland**	house (detached)	**villa**
greet	**hilse**	how	**hvordan**
		hungry	**sulten**
H		hurry	**skynde sig**
		hurt	**gør ondt**
hair	**hår**		
half	**halv**	**I**	
happy	**glad**		
harbour	**havn**	I	**jeg**
hardly	**næsten**	ice	**is**
hat	**hat, kasket**	if	**hvis, om**
hate (*vb*)	**hade**	ill	**syg**
have	**have**	imagine	**forestille sig**
have to	**være nødt til,**	immediately	**straks**
	måtte, skulle		

in	**ind, om, på**	larger	**større**
incredibly	**forbavsende**	largest	**størst**
inside	**inde**	last	**sidst**
insure	**forsikre**	late	**sen, sent**
Internet	**internet**	later	**senere**
invitation	**invitation**	lay	**lægge**
island	**ø**	leave (*vb*)	**forlade**
it	**den, det**	less than	**mindre end**
its (own)	**sin**	let (*vb*)	**lade**
itself	**sig**	let us	**lad os**
		letter	**brev**
		library	**bibliotek**

J

		lie (*n*)	**ligge**
jacket	**jakke**	lie (tell a lie)	**lyve**
January	**januar**	life buoy	**redningskrans**
Japan	**Japan**	light	**lys**
jeans	**cowboybukser**	light (*n*)	**lys**
joke	**vittighed**	like (*vb*)	**lide**
July	**juli**	little	**lille**
June	**juni**	little (a little)	**lidt**
just	**lige**	live (*vb*)	**bo**
Jutland	**Jylland**	loaf	**brød**
		lock (*vb*)	**låse**

K

		long	**lang**
		look	**se**
key	**nøgle**	look after	**passe**
kind	**venlig**	lots of	**masser af**
king	**konge**	lovely	**dejlig**
kitchen	**køkken**		
kitchen door	**køkkendør**		

M

kitchen table	**køkkenbord**		
knife	**kniv**	mackerel	**makrel**
know	**kende, vide**	make (*vb*)	**lave**
know	**jo**	make a bed	**rede en seng**
(as you know)		man	**mand**
krone	**krone**	manager	**direktør**
		many	**mange**
		March	**marts**

L

		market day	**torvedag**
ladies' hairdresser	**damefrisør**	married	**gift**
land (*vb*)	**lande**	marry	**gifte sig**
large	**stor**	may (*vb*)	**må**

May	**maj**	nineteenth	**nittende**
me	**mig**	ninth	**niende**
meat	**kød**	no	**ingen, nej**
meet	**møde**	no one	**ingen**
meeting	**møde**	not	**ikke**
message	**besked**	November	**november**
midday	**middag**	now	**nu**
milk	**mælk**		
milk product	**mælkeprodukt**	**O**	
mine	**min**		
minute (*n*)	**minut**	of	**for**
mobile phone	**mobiltelefon**	off	**afsted**
modern	**moderne**	office	**kontor**
moment	**øjeblik**	old	**gammel**
Monday	**mandag**	older	**ældre**
money	**penge**	oldest	**ældst**
more	**flere, mere**	Olympic	**olympisk**
morning	**morgen**	on	**på**
morning	**i morges**	one	**en, et, man**
(this morning)		onion	**løg**
mother	**mor**	open (*vb*)	**åbne**
motorboat	**motorbåd**	or	**eller**
mouse	**mus**	orange	**orange**
mouth	**mund**	order (*vb*)	**bestille**
move (*vb*)	**flytte**	other	**anden, andet,**
Mrs	**fru**		**andre**
much	**meget**	ought to	**burde**
museum	**museum**	our(s)	**vores**
must	**må**	out	**ud**
my	**min**	over	**henne**
		over	**over**
N		over here	**herover**
		over there	**derovre**
nearly	**næsten**	over to	**hen til**
need (*vb*)	**behøve**		
never	**aldrig**	**P**	
new	**ny**		
newspaper	**avis**	paint (*vb*)	**male**
New Year's Day	**nytårsdag**	painter	**maler**
next	**næste**	pardon (I beg	**Undskyld!**
nice	**dejlig, pæn, rar**	your pardon)	
night	**nat**	parents	**forældre**

park (*vb*)	**parkere**	**S**	
parson	**præst**		
party (*n*)	**fest**	safe	**sikker**
pay (*vb*)	**betale**	sail (*vb*)	**sejle**
pear	**pære**	salmon	**laks**
pension	**pension**	salt	**salt**
people	**mennesker**	sandal	**sandal**
place (*vb*)	**sætte**	say	**sige**
place (*n*)	**sted**	scarf	**tørklæde**
plaice	**rødspætte**	schnapps	**snaps**
play (*vb*)	**lege, spille**	school	**skole**
playground	**skolegård**	scissors (pair of)	**saks**
politician	**politiker**	search	**søge**
poor	**fattig**	secretary	**sekretær**
potato	**kartoffel**	see	**se**
pray	**bede**	sell	**sælge**
prefer	**foretrække**	send	**sende**
present	**gave**	seven	**syv**
probably	**nok**	seventeenth	**syttende**
put	**sætte**	seventh	**syvende**
		sharpen	**slibe**
Q		she	**hun**
		shining	**skinnende**
quarter	**kvarter**	shirt	**skjorte**
queen	**dronning**	shoe	**sko**
quick	**hurtig**	shop (*n*)	**butik**
		shop (*vb*)	**handle**
R		short	**kort**
		shoulder	**skulder**
rain (*n*)	**regn**	shout	**råbe**
rain (*vb*)	**regne**	shut	**lukke**
rather	**hellere**	simple	**simpel**
reach (*vb*)	**række, nå**	since	**siden**
read	**læse**	sing	**synge**
red wine	**rødvin**	sink	**sænke, synke**
remember	**huske**	sister	**søster**
right	**rigtig**	sitting	**siddende**
road	**vej**	six	**seks**
roll (*n*)	**rundstykke**	sixteen	**seksten**
room	**værelse**	sixteenth	**sekstende**
row (*n*)	**række**	sixth	**sjette**
rye bread	**rugbrød**	skirt	**nederdel**

sky	**himmel**	teacher	**lærer**
sleep	**sove**	teaching	**undervisning**
slip	**underkjole**	technician	**tekniker**
slow	**langsom**	telephone (*vb*)	**ringe**
small	**lille**	telephone (*n*)	**telefon**
smaller	**mindre**	television	**fjernsyn, tv**
smart	**smart**	tell	**fortælle**
snowstorm	**snestorm**	temperature	**feber**
sock	**sok**	tenth	**tiende**
sodawater	**danskvand**	than	**end**
soldier	**soldat**	thank you	**tak**
some	**nogen**	that	**at, to**
son	**søn**	theatre	**teater**
song	**sang**	their(s)	**deres**
Sorry!	**Undskyld!**	them	**dem**
Spanish	**spansk**	then	**så**
speak	**tale**	there	**der**
special	**speciel**	they	**de**
stand	**stå**	thick	**tyk**
stay	**blive**	thin	**tynd**
stomach	**mave**	think	**synes, tænke,**
stop (*vb*)	**stoppe**		**tro**
story	**historie**	third	**tredje**
strange	**mærkelig**	thirteenth	**trettende**
study (*vb*)	**studere**	three	**tre**
succeed	**lykkes**	ticket	**billet**
summer	**sommer**	tie (*n*)	**slips**
summer holiday	**sommerferie**	tights	**strømpebukser**
sunshine	**solskin**	time	**tid**
supermarket	**supermarked**	time (what	**Hvad er**
suppose	**vel**	time is it?)	**klokken?**
(I suppose)		tired	**træt**
swear	**bande**	to	**med, til,**
Swede	**svensker**		**fremfor**
switch off	**slukke**	toe	**tå**
		together	**sammen**
T		tomato	**tomat**
		too	**for, også**
table	**bord**	tooth	**tand**
take	**tage**	toothache	**tandpine**
tall	**høj**	top-up card	**taletidskort**
tea	**te**	tourist	**turist**

towards	**imod**	we	**vi**
town	**by**	weather	**vejr**
town hall	**rådhus**	week	**uge**
train	**tog**	weekday	**hverdag**
translate	**oversætte**	weigh	**veje**
travel	**rejse**	what	**hvad, sikke**
trawler	**trawler**	wheel	**hjul**
trousers	**bukser**	when	**da, når,**
true	**rigtig**		**hvornår**
Tuesday	**tirsdag**	whenever	**når**
twelfth	**tolvte**	where	**hvor**
twelve	**tolv**	Whitsuntide	**pinse**
twentieth	**tyvende**	who	**hvem**
twenty	**tyve**	whose	**hvis**
two	**to**	why	**hvorfor**
		wife	**kone**

U

		willingly	**gerne**
		window	**vindue**
ugly	**grim**	window seat	**vinduesplads**
uncle (mother's	**morbror**	winter	**vinter**
brother)		wish (I wish)	**gid**
under	**under**	wish (*vb*)	**ønske**
understand	**forstå**	with	**med**
unfortunately	**desværre**	woman	**kone, kvinde**
unlucky	**uheldig**	word	**ord**
until	**til**	work (*vb*)	**arbejder**
up	**op**	write	**skrive**
us	**os**	wrong	**forkert, gal**
use (*vb*)	**bruge**		
usually do(es)	**plejer at gøre**		

Y

		year	**år**
		yellow	**gul**

V

		yes	**ja, jo**
vegetables	**grøntsager**	you (plural)	**I, jer**
visit (*vb*)	**besøge**	you (singular)	**du, dig, De,**
			man

W

		young	**ung**
		your(s)	**din**
wait	**vente**		
walk	**gå**		

Z

want to	**ville**		
warm	**varm**	Zealand	**Sjælland**
wash	**vaske**		

Danish–English glossary

* After a compound noun means it is inflected as the last component.

A

acceptere (-de, -t)	accept
ad	along
adresse (-n, -r)	address
advokat (-en, -er)	lawyer
af	by, from
afbestilling (-en, -er)	cancellation
afbryde (afbrød, afbrudt)	interrupt
afgang (-en, -e)	departure
afgå (-gik, -gået)	depart
aftage (-tog, -taget)	decrease
aftale (aftalte, aftalt)	agree, arrange
aften (-en, -er)	evening
al	all
aldrig	never
alene	alone
allerede	already
allesammen	all
alligevel	all the same
almindelig	ordinary
altid	always
Amerika	America
amerikaner (-en, -e)	American
amerikansk	American
anbefale (-de, -t)	recommend
anden	second, other
ankomst (-en, -er)	arrival

ansigt (-et, -er)	face
april	April
arbejde (-de, -t)	work
arbejde (-t, -r)	work
arm (-en, -e)	arm
assistant (-en, -er)	assistant
astronom (-en, -er)	astronomer
at	that, to
atten	eighteen
august	August
av!	ow!
avis (-en, -er)	newspaper

B

badeværelse (-t, -r)	bathroom
bagagerum (-met, –)	(car) boot
bagefter	afterwards
bager (-en, -e)	baker
bagsæde (-t, -r)	back seat
baltisk	Baltic
banan (-en, -er)	banana
bande (-de, -t)	swear
bange	afraid
bank (-en, -er)	bank
bankassistent (-en, -er)	bank clerk
barbere (-de, -t) sig	shave

barberer (-en, -e) barber
bare only
barn (-et, børn) child
barnebarn grandchild
bede (bad, bedt) ask, pray
bedre better
bedst best
begrave (-de, -t) bury
begynde begin
 (begyndte,
 begyndt)
begyndelse beginning
 (-n, -r)
behøve (-de, -t) need
bekymre (-de, -r) worry
ben (-et, –) leg
besked (-en, -er) message
beskrive (-skrev, describe
 -skrevet)
bestemme decide
 (bestemte,
 bestemt)
bestemt particular,
 definitely
bestille (bestilte, order
 bestilt)
bestå (-stod, exist, be
 -stået)
besøg (-et, –) visit
betale (betalte, pay
 betalt)
betjening (-en) service
betyde (-tød, mean
 -tydet)
bibel (-en, -er) Bible
bibliotek library
 (-et, -er)
bil (-en, -er) car
billet (-ten, -ter) ticket
billig cheap
biograf (-en, -er) cinema
blandt among

blive (blev, be, become
 blevet)
blomst (-en, -er) flower
blomstret floral
blot only
bluse (-n, -r) blouse
blå blue
bo (-ede, -et) live
bog (-en, bøger) book
bold (-en, -e) ball
bolig (-en, -er) home,
 residence
bord (-et, -e) table
borger (-en, -e) citizen
bort away
brev (-et, -e) letter
bro (-en, -er) bridge
bror (-en, brødre) brother
bruge (brugte, use
 brugt)
brun brown
bryde (brød, like
 brudt) sig om
bryllup wedding
 (-pet, -per)
bryllupsdag wedding day
 (-en, -e)
brystholder bra
 (-en, -e)
brække (-de, -t) break
brød (-et, –) loaf, bread
bukser (pl) trousers
burde (bør, burde, ought to
 burdet)
bus (-sen, -ser) bus
butik (-ken, ker) shop
butterfly bow tie
by (-en, -er) town
bygge (-de, -t) build
bygning (-en, -er) building
bære (bar, båret) carry
både both

C

café (-en, -er)	café
centrum (-met, centrer)	centre
champagne (-n)	champagne
chef (-en, -er)	boss
cigaret (-ten, -ter)	cigarette
cirka	about, roughly
computer (-en, -e)	computer
cowboybukser (*pl*)	jeans
cykel (-en, -er)	bicycle

D

da	when, then
dag (-en, -e)	day
dagbog*	diary
daglig	daily
dame (-n, -r)	woman, lady
Danmark	Denmark
danne (-de, -t)	form, make
dansk	Danish
dansker (-en, -e)	Dane
danskvand	sodawater
datter (-en, døtre)	daughter
dav!	Hi!
de	they
december	December
dejlig	lovely
del (-en, -e)	part
deltage (-tog, -taget)	take part in
deltager (-en, -e)	participant
dem	them
den	it
denne	this
dens	its
der	there
deres	their
derfor	that's why
derop	up there
derovre	over there
dertil	over there
derude	out there
desperat	desperate
dessert (-en, -er)	dessert
desto	(see Unit 17)
desværre	unfortunately
det	it
dig	you
digte (-de, -t)	compose, write
digter (-en, -e)	poet
din/dit/dine	your, yours
direktør (-en, -er)	manager
diskotek (-et, -er)	discotheque
disse	these
dog	but, however
dollar (en)	dollar
domkirke (-n, -r)	cathedral
dragt (-en ,-er)	dress
dreje (-de, -t)	turn
dreng (-en, -e)	boy
drikke (drak, drukket)	drink
drikkevarer (*pl*)	drinks
dronning (-en, -er)	queen
du	you
dum	silly, stupid
dygtig	clever
dyr (-et, –)	animal
dyr	expensive
dø (-de, -et)	die
døbe (døbte, døbt)	baptize
død	dead
dødtræt	dead tired
dør (-en, -e)	door
dårlig	bad
dåse (-n, -r)	tin, can

E

effektiv	effective
efter	after
efterhånden	gradually
eftermiddag (-en, -e)	afternoon
efterår (-et, –)	autumn
egen	own
egentlig	actually
eje (-de, -t)	own
eksempel (-et, eksempler)	example
elegant	elegant
elev (-en, er)	pupil
eller	or
enten – eller	either – or
ellers	otherwise, if not
elleve	eleven
elske (-de, -t)	love
elskede	darling
e-mail (-en)	e-mail
en	a, an, one
end	than
ende (endte, endt)	end, finish
ende (-n, -r)	end
endelig	finally
endnu	yet
engang	once
engelsk	English
England	England
englænder (-en, -e)	Englishwoman/ man
enkelt	single
enogtyve	twenty-one
er (see **være**)	
erstatte (-de, -t)	replace
et	a, an, one
Europa	Europe

F

faktisk	actually
fald (i hvert fald)	at any rate
falde (faldt, faldet)	fall
familie (-n, -r)	family
far (-en, fædre)	father
farbror*	uncle
farfar*	paternal grandfather
farlig	dangerous
farmor*	paternal grandmother
farvand (-et, -e)	strait
farvel	goodbye
farvet	coloured
faster (-en, fastre)	paternal aunt
fat (få fat i)	get hold of
fattig	poor
feber (-en)	fever
februar	February
fedtet	greasy
feje (-de, -t)	sweep
fejle (hvad fejler du?)	What's wrong with you?
fejre (-de, -t)	celebrate
fem	five
femte	fifth
femten	fifteen
ferie (-n, -r)	holiday
fest (-en, -er)	party
figen (-en, -er)	fig
film (-en, –)	film
filosof (-fen, -fer)	philosopher
fin	fine
finde (fandt, fundet)	find
finger (-en, fingre)	finger
fire	four
firs	eighty
fisk (-en, –)	fish

fiskehandler	fishmonger	**forlange**	demand
(-en, -e)		**(forlangte,**	
fisker (-en, -e)	fisherman	**forlangt)**	
fjerde	fourth	**forleden (dag)**	the other day
fjerne (-de, -t)	remove	**forlove (-de, -t)**	get engaged
fjernsyn (-et, –)	TV	**sig**	
fjorten	fourteen	**formiddag**	late morning
flaske (-n, -r)	bottle	**(-en, -e)**	
flere	more	**forresten**	by the way
flest	most	**forret (-ten, -ter)**	starter
flot	fine, smart	**forskellig**	different
fly (-et, –)	aeroplane	**forslag (-et, –)**	proposal
flytte (-de, -t)	move	**forstyrre (-de, -t)**	disturb
flyve (fløj, fløjet)	fly	**forstå (-stod, -stået)**	understand
fod (-en, fødder)	foot	**forsvinde**	disappear
fodtøj (-et)	footwear	**(-svandt,**	
folk (*pl*)	people	**-svundet)**	
for	for, of, too	**forsæde (-t, -r)**	front seat
foran	in front of	**fortov (-et, -e)**	pavement
forandre (-de, -t)	change	**fortælle (-talte,**	tell
forbavse (-de, -t)	surprise	**-talt)**	
forbi	past, finished	**fortsætte (-satte,**	move on
forbindelse	connection	**-sat)**	
(-n, -r)		**forvejen**	beforehand
fordi	because	**(i forvejen)**	
fordrage (kan	detest	**forvente (-de, -t)**	expect
ikke fordrage)		**forældre** (*pl*)	parents
forelsket	in love	**forår (-et, –)**	spring
forestille (-de, -t)	imagine	**fra**	from
sig		**frakke (-n, -r)**	coat
foretrække (-trak,	prefer	**Frankrig**	France
-trukket)		**fransk**	French
forfatter (-en, -e)	author	**franskbrød**	white bread
forfærdelig	awful	**fredag**	Friday
forholde sig	keep	**frem**	forward
forkert	wrong	**fremfor**	to
forkortelse	abbreviation	**fri (blive fri for)**	avoid
(-n, -r)		**frimærke (-t, -r)**	stamp
forkølet	have/has got a	**frisk**	fresh
(er forkølet)	cold	**frisør (-en, -er)**	hairdresser
forlade (-lod,	leave	**frokost (-en, -er)**	lunch
-ladt)		**frokostpause**	lunch break

frost (-en)	frost	**glat**	slippery
fru	Mrs	**glemme (glemte, glemt)**	forget
frugt (-en, -er)	fruit		
frygtelig	awful	**global (-te, -e)**	global
fuld	full, drunk	**glædelig**	happy
fyge (-de, -t)	drift	**god**	good
fylde (fyldte, fyldt)	fill	**Godaften!**	Good evening!
fyrre	forty	**Goddag!**	Hello!
fysiker (-en, -e)	physicist	**Godmorgen!**	Good morning!
færdig	finished	**Godnat!**	Good night!
færre	fewer	**godt**	well
fætter (-en, fætre)	male cousin	**grad (-en, -er)**	degree
fødselsdag*	birthday	**grim**	ugly
født	born	**grund (-en, -e)**	reason
følge (fulgte, fulgt)	follow	**gruppe (-n, -r)**	group, gang
før	before, until	**græde (græd, grædt)**	cry, weep
først	first, not until		
få (fik, fået)	get, have	**Grækenland**	Greece
få	a few	**græsk**	Greek
		grøn	green
		Grønland	Greenland
G		**grønlandske**	Greenlandic
		grøntsager	vegetables
gade (-n, -r)	street	**grå**	grey
gal	wrong, angry	**gul**	yellow
gammel	old	**guldbryllup***	golden wedding
gang (-en, -e)	time	**gulerod (-en, gulerødder)**	carrot
ganske	totally		
garage (-n, -r)	garage	**gulv (-et, -e)**	floor
gartner (-en, -e)	gardener	**gymnasium**	high school
gave (-n,-r)	present	**gymnastik (-ken)**	gymnastics
gemme (gemte, gemt)	hide	**gyser (-en, -e)**	thriller
		gæst (-en, -er)	visitor, guest
gennem	through	**gæsteværelse***	guest room
gerne	willingly	**gøre (gør, gjorde, gjort)**	do
Gid . . .	If only . . .		
gide (gad, gidet)	can be bothered	**gå (går, gik, gået)**	walk
gift	married		
gifte (-de, -t) sig	marry	**H**	
gips (-en)	plaster		
give (gav, givet)	give	**hade (-de, -t)**	hate
glad	glad, happy	**hallo**	hello
glas (-set, –)	glass		

hals (-en, -e)	neck, throat	**hjem**	home
halsbetændelse (-n)	sore throat	**hjemme**	at home
halv	half	**hjerne (-n, -r)**	brain
halvfems	ninety	**hjul (-et, –)**	wheel
halvfjerds	seventy	**hjælpe (hjalp, hjulpet)**	help
halvtreds	fifty	**hjørne (-t, -r)**	corner
halvø (-en, -er)	peninsular	**holde (holdt, holdt)**	hold, celebrate
ham	him		
han	he	**horisont (-en, -er)**	horizon
handle (-de, -t)	shop	**hos**	at
handske (-n, -r)	glove	**hospital (-et, -er)**	hospital
hans	his	**hoste (-de, -t)**	cough (*vb*)
hat (-ten, -te)	hat	**hoste (-n)**	cough (*n*)
have (har, havde, haft)	have	**hostesaft (-en)**	cough mixture
		hotel (-let, -ler)	hotel
have (-n, -r)	garden	**Hov!**	Hey!
havearbejde*	garden work	**hoved (-et, -er)**	head
havn (-en, -e)	harbour	**hovedpine (-n)**	headache
hedde (hed, heddet)	to be called	**hovedpinetablet (-ten, -ter)**	headache tablet
Hej!	Hi!	**hovedret (-ten, -ter)**	main course
hel	all, complete		
helbred (-et)	health	**hovedstad (-en, hovedstæder)**	capital
heldig	lucky		
heldigvis	luckily	**hue (-n, -r)**	cap
heller ikke	not either	**humør (-et)**	humour, spirit
hellere	rather	**hun**	she
helst (vil helst)	would prefer	**hund (-en, -e)**	dog
helt	completely	**hundrede**	hundred
hen	over	**hurtig**	quick, fast
hende	her	**hus (-et, -e)**	house
hendes	her(s)	**huske (-de, -t)**	remember
hente (-de, -t)	fetch	**Hva'?**	What?
her	here	**hvad**	what
herlig	lovely	**hvadbehager?**	What do you say?
hilse (hilste, hilst)	greet		
hilsen (-en, -er)	greeting	**hvalp (-en, -e)**	puppy
himmel (-en)	sky, heaven	**hvem**	who
hinanden	each other	**hver**	every, each
historie (-n, -r)	story	**hverken – eller**	neither – nor
historisk	historic	**hvid**	white

hvilken	which, what
hvis	if, whose
hvor	where
hvordan	how
hvorfor	why
hvornår	when
hyggelig	cosy
hysterisk	hysterical
hæl (-en, -e)	heel
høfeber (-en)	hay fever
høj	tall, loud, high
højre	right
høre (hørte, hørt)	hear
håbe (-de, -t)	hope
håbløs	hopeless
hånd	hand
(-en, hænder)	
hår (-et)	hair

I

i	in
ide (-en, -er)	idea
ideel	ideal
idyllisk	idyllic
igen	again
Ih!	Oh!
ikke	not
imod	against, towards
imponerende	impressive
ind	in, into
inde	in
indhold (-et)	contents
indisk	Indian
indlægge (-lagde, -lagt)	admit to
indløse (-løste, -løst)	cash
influenza (-en)	flu
ingen	no, none, no one

ingenting	nothing
interesse (-n, -r)	interest
interesseret i	interested in
internet (-tet)	Internet
invitere (-de, -t)	invite
involveret i	involved in
Irland	Ireland
ironisk	ironic
irriterende	irritating
is (-en)	ice
isbjerg (-et, -e)	iceberg
Island	Iceland
Italien	Italy
italiensk	Italian

J

ja	yes
jakke (-n, -r)	jacket
januar	January
Japan	Japan
jeg	I
jer	you
jeres	your(s)
jernbane (-n, -r)	railway
jo	yes, sure
job (-bet, –)	job
jogge (-de, -t)	jog
jorden	the Earth
jul (-en)	Christmas
juleaften*	Christmas Eve
juledag*	Christmas Day
juleferie*	Christmas holiday
julegave*	Christmas gift
julemand*	Father Christmas
juli	July
juni	June
Jylland	Jutland

K

kaffe (-n)	coffee
kage (-n, -r)	cake
kalde (kaldte, kaldt)	call, shout
kalender (-en, -e)	calendar
kan (see **kunne**)	
kantine (-n, -r)	canteen
kapitel (-et, kapitler)	chapter
kartoffel (-en, kartofler)	potato
kasket (-ten, -ter)	cap
kaste (-de, -t)	throw
kat (-ten, -te)	cat
katastrofe (-n, -r)	catastrophe
ked (er k. af det)	feel sorry
kede (-de, -t) sig	be bored
kedelig	sad
kende (kendte, kendt)	know
kighoste (-n)	whooping cough
kilo (et, –)	kilo
kilometer (en, –)	kilometre
kiosk (-en, -er)	kiosk
kirke (-n, -r)	church
kjole (-n, -r)	dress
klare (-de, -t)	manage
klasse (-n, -r)	form
klassisk (-, -e)	classic
klikke (-de, -t)	click
klippe (-de, -t)	cut
klippes	have one's hair cut
klokken (hvad er klokken?)	What time is it?
klub (-ben, -ber)	club
klæde (klædte, klædt)	suit
knytnæve (en)	clenched fist

knæ (-et, –)	knee
kold	cold
kollega (-en, -er)	colleague
komet (-en, -er)	comet
komme (kom, kommet)	come
kommune (-n, -r)	local authority
kompliment (-et, -er)	compliment
kone (-n, -r)	wife, woman
konge (-n, -r)	king
kongelig	royal
kontanter	cash
kontor (-et, -er)	office
koordineret	co-ordinated
kop (-pen, -pe)	cup
korrekt	correct
kort	short
kort (-et, –)	card
koste (-de, -t)	cost
krig (-en, -e)	war
krone (-n, -r)	krone
krop (-pen, -pe)	body
krævende	demanding
kuffert (-en, -er)	suitcase
kulde (-n)	cold
kun	only
kunde (-n, -r)	customer
kunne (kan, kunne, kunnet)	can
kurs (-en)	rate of exchange
kursus (-set, kurser)	course
kusine (-n, -r)	female cousin
kvadratmeter	square metre
kvindelig	female
kyst (-en, -er)	coast
kælder (-en, kældre)	cellar
kære	dear

kæreste (-n, -r)	boyfriend, girlfriend
kærlig	affectionate
kø (-en, -er)	queue
købe (købte, købt)	buy
København	Copenhagen
kød (-et)	meat
køkken (-et, -er)	kitchen
køkkenbord*	kitchen table
køkkendør*	kitchen door
køn	good looking
køre (kørte, kørt)	drive
kørekort (-et, –)	driving licence

L

Lad mig!	Let me!
Lad være!	Don't!
laks (-en, –)	salmon
land (-et, -e)	country
lande (-de, -t)	land
lang	long
langs	along
langsom	slow
langt	far
laste (-de, -t)	load
lave (-de, -t)	do
lege (-de, -t)	play
leje (-de, -t)	rent
lejlighed (-en, -er)	flat
lektier (pl)	homework
letskyet	lightly clouded
lide (kan lide)	like
lidt	a little
lige	just
ligeglad (er ligeglad)	don't care
ligegyldigt (Det er ligegyldigt)	It is all the same
ligeud	straight ahead
ligge (lå, ligget)	lie
ligne (-de, -t)	look like

lilla	purple
lille	small
lillebror	little brother
Lillebælt	The Little Belt
liter (en)	litre
lomme (-n, -r)	pocket
lov (have lov til)	be allowed to
love (-de, -t)	promise
lufthavn (-en, -e)	airport
lugte (-de, -t)	smell
lukke (-de, -t)	shut
lungebetændelse (-n)	pneumonia
lungekræft (-en)	lung cancer
luthersk	Lutheran
lyde (lød, lydt)	sound
lykkes (lykkedes)	succeed
lys (-et, –)	light
lys	light
lyve (løj, løjet)	lie
læge (-n, -r)	doctor
lægge (lagde, lagt)	lay
længe	long
lære (lærte, lært)	learn
lærer (-en, -e)	teacher
lærerværelse*	staff room
læse (læste, læst)	read
læsning (-en)	reading
løbe (løb, løbet)	run
løg (-et, –)	onion
løn (-nen)	wages
lørdag	Saturday
låge (-n, -r)	garden gate
låne (lånte, lånt)	borrow
lårkort nederdel	miniskirt
låse (låste, låst)	lock

M

mad (-en)	food
madpakke (-n, -r)	packed lunch
maile (-de, -t)	mail

maj	May	mindre	smaller
makrel (-len, -ler)	mackerel	mindst	smallest
male (-de, -t)	paint	minut (-tet, -ter)	minute
maler (-en, -e)	painter	misforståelse	misunder-
man	you	(-n, -r)	standing
mand (-en, mænd)	man	mo(de)r	mother
mandag	Monday	(-en, mødre)	
mandlig	male	mobbe (-de, -t)	bully
mange	many	mobil (-en, -er)	mobile phone
mangle (-de, -t)	miss	mobning (-en)	bullying
markør (-en, -er)	cursor	mod	towards,
marts	March		against
masse (en)	lots of	moderne	modern
mave (-n, -r)	stomach	more (-de, -t)	enjoy
mavepine (-n)	stomachache	morfar*	maternal
med	with, to		grandfather
medicin (-en)	medicine	morgen (-en, -er)	morning
medlem	member	morgenavis*	morning
(-met, -mer)			paper
meget	much, very	morgenbrød (-et)	bread for
mellem	between,		breakfast
	among	morgenmad (-en)	breakfast
mellemøre-	inflammation	mormor*	maternal
betændelse (-n)	of the middle		grandmother
	ear	moster	maternal aunt
men	but	(-en, mostre)	
mene (mente,	mean	motion (-en)	exercise
ment)		mulig	possible
menneske (-t, -r)	person	mund (-en, -e)	mouth
mens	while	mus (-en, –)	mouse
menukort (-et, –)	menu	musegrå	mousy grey
mere	more	museum (museet,	museum
mest	most	museer)	
meter (en)	meter	musik (-ken)	music
middag (-en, -e)	dinner,	muslim (en, -er)	Muslim
	lunchtime	mælk (-en)	milk
midnatssol*	midnight sun	mælkeprodukter	milk products
midt i	in the middle	mærkelig	strange
mig	me	mæslinger	measles
mild	mild	mæt	full up
min/mit/mine	my, mine	møde (mødte,	meet
min skat	my dear	mødt)	

møde (-t, -r)	meeting	**normalt**	normally
måde (-n, -r)	way	**november**	November
måned (-en, -er)	month	**nu**	now
måske	probably	**nul**	nought, zero
måtte (må, måtte, måttet)	may, must	**nummer (-et, numre)**	number
		ny/nyt/nye	new
N		**nyhederne**	the news
		nyse (nyste, nyst)	sneeze
nat (-ten, nætter)	night	**nytår (-et, –)**	New Year
natur (-en)	nature	**nytårsdag***	New Year's
navn (-et, -e)	name		Day
ned	down	**nytårssaften***	New Year's
nederdel (-en, -e)	skirt		Eve
nej	no	**nærheden**	in the neigh-
nem	easy	**(i nærheden)**	bourhood
netkafé (-en, -er)	Internet café	**næste**	next
netop	only	**næsten**	nearly, hardly
nettet	the Internet	**nødt (er nødt til)**	has to
nevø (-en, -er)	nephew	**nøgle (-n, -r)**	key
ni	nine	**nå (-ede, -et)**	reach, manage
niece (-n, -r)	niece	**nå(h)!**	Oh! Well!
niende	ninth	**når**	when,
nikke (-de, -t)	nod		whenever
nitten	nineteen		
ni-årig	of nine years	**O**	
nogen	some, somebody		
		og	and
nogenlunde	not too bad	**også**	also, too
mogensinde	ever	**oksesteg (-en, -e)**	beef roast
nok	probably	**oktober**	October
nok	all right (to show assurance)	**om**	about, during, in, if, for
		omkring	around
nord	north	**omtrent**	roughly, about
Nordpolen	the North Pole	**ondt (gør o.)**	hurt
nordpå	north(wards)	**onkel (-en, onkler)**	uncle
Nordsøen	the North Sea	**onsdag**	Wednesday
Nordtyskland	North Germany	**op**	up
		opdage (-de, -t)	discover
nordvest	northwest	**opdagelse (-n, -r)**	discovery
Norge	Norway	**opera (-en, -er)**	opera

operation (-en, -er)	operation
operere (-de, -t)	operate
oplysninger	information
oppe	up
optaget	engaged
opvarmning (-en)	warming, heating
opvaskemaskine (-n, -r)	dishwasher
orange	orange
ord (-et, –)	word
orden (i o.)	in order
ordentlig	proper, neat
ordne (-de, -t)	tidy (up)
os	us
ost (-en, -e)	cheese
otte	eight
ottende	eighth
over	over, across, after
overfor	opposite
overkrop (-pen)	upper part of the body
overmorgen (i overmorgen)	the day after tomorrow
overskyet	overcast
oversætte (-satte, -sat)	translate
overveje (-de, -t)	contemplate

P

pakke (-n, -r)	parcel, packet
pandekage (-n, -r)	pancake
par	pair, couple
parfume (-n, -r)	perfume
park (-en, -er)	park
parkere (-de, -t)	park
parlament (-et, -er)	parliament
parti (-et, -er)	party, side

pas (-set, –)	passport
passager (-en, -er)	passenger
passagerskib	passenger ship
passe (-de, -t)	look after, be true
penge (*pl*)	money
pensionere	retire
perron (-nen, -ner)	platform
personlig	personal
piccolo (-en, -er)	messenger
pige (-n, -r)	girl
pinse (-n)	Whitsuntide
pjat (et)	nonsense
plads (-en, -er)	place, seat
pladsbillet*	seat ticket
pleje (-de, -t)	be in the habit of
plet (-ten, -ter)	patch
pligt (-en, -er)	duty
pludselig	suddenly
Polen	Poland
politiker (-en, -e)	politician
politisk	political
pop-koncert (-en, -er)	pop concert
populær	popular
posthus (-et, -e)	post office
pres (lægge p. på)	put pressure on
presse (-de, -t)	press
pris (-en, -er)	price
privat	private
problem (-et, -er)	problem
programmere (-de, -t)	programme
præst (-en, -er)	parson
prøve (-de, -t)	test
prøve (-n, -r)	test
punkt (-et, -er)	point
punktere (-de, -t)	puncture
pæn	nice
pære (-n, -r)	pear
på	on, in, about
påske (-n)	Easter

R

radio (-en, -er)	radio
ramme (ramte, ramt)	hit
rar	nice
rask	healthy
regel (som regel)	as a rule
regere (-de, -t)	govern, rule
regn (-en)	rain (n)
regne (-de, -t)	rain (vb)
regning (en)	arithmetic
regning (-en, -er)	bill
rejse (rejste, rejst)	travel, go
rejse sig op	get up
ren	clean
reparere (-de, -t)	repair
rest (-en, -er)	rest
restaurant (-en, -er)	restaurant
resultat (-et, -er)	result
retur	return
returbillet*	return ticket
ribben (-et, –)	rib
ride (red, redet)	ride
rigtig	true, proper, really
ringe (-de, -t)	ring
ro (-en)	peace
rod (et)	mess
rolig	quiet
romantisk	romantic
rugbrød (-et)	rye bread
rund	round
rundstykke (-t, -r)	roll
rydde (-de, -t) op	tidy up
ryg (-gen, -ge)	back
ryge (røg, røget)	smoke
ryger (-en, -e)	smoker
række (rakte, rakt)	pass
rød	red
røde hunde	rubella

rødspætte (-n, -r)	plaice
rødvin (-en)	red wine
råbe (råbte, råbt)	shout
råd (har råd til)	can afford
rådhus*	town hall

S

saks (-en, -e)	pair of scissors
sal (første sal)	first floor
salme (-n, -r)	hymn
salt (-et)	salt
samle (-de, -t)	gather
samme	same
sammen	together
sandal (-en, -er)	sandal
savne (-de, -t)	miss
scene (-n, -r)	stage
se (så, set)	see
sejle (-de, -t)	sail
sekretær (-en, -er)	secretary
seks	six
seksten	sixteen
selv	-self, even
selvfølgelig	of course
sen	late
sende (sendte, sendt)	send
senere	later
seng (-en, -e)	bed
september	September
sidde (sad, siddet)	sit
side (-n, -r)	side
siden	since
sidevej*	side road
sidst	last
sig	himself, herself, itself, themselves
sige (sagde, sagt)	say
signal (-et, -er)	signal

sikke(n)	what	skændes	quarrel
sikker	safe	(skændtes)	
sikkert	probably	skære (skar,	cut
simpel	simple	skåret)	
simpelthen	simply	skærm (-en, -e)	screen
sin/sit/sine	her own, his	Skål!	Cheers!
	own, its	slags (-en, –)	sort
	own	slagter (-en, -e)	butcher
situation (-en, -er)	situation	slappe (-de, -t) af	relax
sjette	sixth	slem	bad
sjusket	untidy	slet	at all
Sjælland	Zealand	slide (slidt, slidt)	work hard
skab (-et, -e)	cupboard	slips (-et, –)	tie
skadestue*	casualty	slot (-tet, -te)	castle
skal (see skulle)		slukke (-de, -t)	switch off
skaldet	bald	slutte (-de, -t)	finish
skat (-ten, -ter)	tax	slå (slog, slået)	hit, hurt, beat
ske (skete, sket)	happen	slås (sloges)	fight
skib (-et, -e)	ship	smage (smagte,	taste
Skidt være med	Never mind!	smagt)	
det!		smart	smart
skifte (-de, -t)	change	smelte (-de, -t)	melt
skinne (-de, -t)	shine	smide (smed,	throw
skjorte (-n, -r)	shirt	smidt)	
sko (-en, –)	shoe	smitte (-de, -t)	infect
skoldkopper	chickenpox	smuk	beautiful
skole (-n, -r)	school	smule (en)	bit
skolegård (-en, -e)	playground	smør (-ret)	butter
skraldespand	bin	små	little, small
(-en, -e)		snakke (-de, -t)	talk, chat
skrive (skrev,	write	snaps (-en)	schnapps
skrevet)		snart	soon
skuffe (-n, -r)	drawer	snavset	dirty
skulder	shoulder	sne	snow
(-en, skuldre)		sne (-ede, -et)	snow
skulle (skal,	have to	snedrive (-n, -r)	snowdrift
skulle, skullet)		snevejr*	snow
sky (-en, -er)	cloud	snyde (snød,	cheat
skyfri	clear	snydt)	
skynde (skyndte,	hurry	snyder (-en, -e)	cheat
skyndt) sig		sok (-ken, -ker)	sock
skæg (-get)	beard	sol (-en)	sun

solskin (-net)	sunshine	**Storebælt**	the Great Belt
som	that, which	**storm (-en, -e)**	gale
sommer	summer	**storme (-de, -t)**	blow a gale
(**-en, somre**)		**straks**	immediately
sommerferie*	summer	**strand (-en, -e)**	beach
	holiday	**stresset**	stressed
sommetider	now and then	**stribet**	striped
sort	black	**stryge (strøg,**	iron
sortere (-de, -t)	sort	**strøget)**	
sove (sov, sovet)	sleep	**strømpe (-n, -r)**	stocking
sovepille (-n, -r)	sleeping	**strømpebukser**	tights
	tablet	**strålende**	bright
Spanien	Spain	**studere (-de, -t)**	study
spare (-de, -t)	save	**stue (-n, -r)**	sitting room
speciel	special	**stykke (-t, -r)**	piece
spilde (spildte,	spill	**stærk**	strong
spildt)		**større**	bigger, larger
spille (-de, -t)	play	**størst**	biggest, largest
spiritus (-sen)	spirits	**støvle (-n, -r)**	boot
spise (spiste,	eat	**stå (stod, stået)**	stand
spist)		**stå op**	get up
spor (ikke s.)	not at all	**sugetablet**	throat tablet
sport (-en)	sport	(**-ten, -ter**)	
spændende	exciting	**sukker (-et)**	sugar
spørge (spurgte,	ask	**sulten**	hungry
spurgt)		**sund**	healthy
stadig (væk)	still	**sundhed (-en)**	health
stakkels	poor	**supermarked**	supermarket
standse (-de, -t)	stop	(**-et, -er**)	
stat (-en, -er)	state	**sur**	sour, sulky
station (-en, -er)	station	**svag**	weak
sted (-et, -er)	place	**svar (-et, –)**	answer
stedet	instead of	**Sverige**	Sweden
(**i stedex for**)		**svigerdatter***	daughter-in-law
stemme (-n, -r)	voice	**svigerfar***	father-in-law
stereoanlæg	stereo	**svigerforældre**	parents-in-law
(**-get, –**)		**svigerinde (-n, -r)**	sister-in-law
sti (-en, -er)	path	**svigermor***	mother-in-law
stjerne (-n, -r)	star	**svigersøn***	son-in-law
stoffer	drugs	**svoger**	brother-in-law
stol (-en, -e)	chair	(**-en, svogre**)	
stor	big, large	**svær**	difficult

svømmehal (-len, -ler)	swimming pool	søster (-en, søstre)	sister
syd	south	søsyg	seasick
Sydeuropa	southern Europe	så	then, so, that
		sådan	so, like this
sydpå (tage sydpå)	go south		
syg	ill	**T**	
sygdom (-men, -me)	illness	tabe (tabte, tabt)	drop, lose
sygehus*	hospital	tablet (-ten, -ter)	tablet
sygeplejerske (-n, -r)	nurse	tage (tog, taget)	take
		Tak!	Thank you!
syn (-et)	sight	tale (talte, talt)	speak
synd (det er synd)	What a pity!	taletidskort (-et, –)	top-up card
synes (syntes, syntes)	think	tand (-en, tænder)	tooth
		tandlæge (-n, -r)	dentist
synge (sang, sunget)	sing	tandpine (-n)	toothache
		taske (-n, -r)	bag
synke (sank, sunket)	sink	tast (-en, -er)	(keyboard) key
sytten	seventeen		
syv	seven	taxa (-en, -er)	taxi
syvende	seventh	te (-en)	tea
sædvanlig	usual	teater (-et, teatre)	theatre
sælge (solgte, solgt)	sell	tekniker (-en, -e)	technician
		telefon (-en, -er)	telephone
sænke (sank, sunket)	sink	telefonsvarer (-en, -e)	answerphone
særlig	particular, special	telegram (-met, -mer)	telegram
sætte (satte, sat)	put, place	telt (-et, -e)	tent
sætte sig ned	sit down	temperatur (-en, -er)	temperature
sød	sweet		
søfolk	sailors	ternet	chequered
søge (søgte, søgt) efter	look for	ti	ten
		tid (-en, -er)	time
søn (-nen, -ner)	son	tidlig	early
søndag	Sunday	tiende	tenth
sørens (see Unit 18)		til	for, to
sørge (-de, -t) for	look after	tilbage	back
sørme	jolly well	tilbringe(-bragte, -bragt)	spend
søskende	siblings	tilfælde (-t, –)	case

tillykke	congratulations	**turde (tør, turde, turdet)**	dare
time (-n, -r)	hour		
ting (-en, –)	thing	**turist (-en, -er)**	tourist
tirsdag	Tuesday	**turnering (-en, -er)**	tournament
tit	often		
to	two	**tusind**	thousand
tog (-et, –)	train	**tvivl (-en)**	doubt
tolv	twelve	**tyk**	thick
tomat (-en, -er)	tomato	**tynd**	thin
torsdag	Thursday	**tyrker (-en, -e)**	Turk
torsk (-en, –)	cod	**Tyrkiet**	Turkey
torskefileter	cod fillets	**tysk**	German
torv (-et, -e)	market/town square	**tysker (-en, -e)**	German (person)
torvedag	market day	**Tyskland**	Germany
tosset	silly, stupid	**tyve**	twenty
total	total	**tænder**	(see tand)
traditionel	traditional	**tænke (tænkte, tænkt)**	think
transport (-en)	transport		
trappe (-n, -r)	stairs	**tæppe (-t, -r)**	carpet, rug
travl	busy	**tøj (-et)**	clothes
tre	three	**tømme (tømte, tømt)**	empty
tredive	thirty		
tredje	third	**tømrer (-en, -e)**	carpenter
tres	sixty	**tørklæde (-t, -r)**	head scarf
tretten	thirteen	**tøve (-de, -t)**	hesitate
trist	sad	**tå (-en, tæer)**	toe
tro (-ede, -et)	think, believe		
trykke (-de, -t)	press	**U**	
træ (-et)	wood		
træ (-et, -er)	tree	**ud**	out
trække (trak, trukket)	pull, draw	**uddannelse (-n, -r)**	education
trænge (trængte, trængt) til	need	**ude**	outside
træsko (-en, –)	clog	**uden**	without
træt	tired	**udenlands**	abroad
trøje (-n, -r)	cardigan	**udmærket**	excellent
tung	heavy	**udsigt (-en)**	view
tunge (-n, -r)	tongue	**udskrive (-skrev, -skrevet)**	discharge
tunnel (-len, -ler)	tunnel		
tur (-en, -e)	trip	**udsolgt**	sold out
		uge (-n, -r)	week

ugift	unmarried	**vegetar (-en, -er)**	vegetarian
uheld (-et, –)	accident	**vej (-en, -e)**	road
uheldig	unlucky	**vejr (-et)**	weather
uhøflig	impolite	**vejrudsigten**	weather
ukendt	unknown		forecast
umoderne	out of date	**veksle (-de, -t)**	change
under	under, during	**vel**	I suppose (see
underbukser (*pl*)	briefs		also Unit 16)
underkjole	slip	**ven (-nen, -ner)**	friend
(-n, -r)		**veninde (-n, -r)**	(female) friend
underkrop (-pen)	lower part of	**venlig**	friendly
	the body	**venstre**	left
undervisning (-en)	teaching	**vente (-de, -t)**	wait
Undskyld!	I'm sorry!	**venteliste (-n, -r)**	waiting list
undskyldning	excuse	**verden (en)**	the world
(-en, -er)		**vest**	west
ung	young	**vestkyst (-en)**	west coast
universitet	university	**vi**	we
(-et, -er)		**vide (ved, vidste,**	know
upopulær	unpopular	**vidst)**	
ur (-et, -e)	watch	**video**	video
urolig	noisy, restless	**videre**	further
usunde	unhealthy	**vigtig**	essential
utrolig	incredible	**vil (see ville)**	
		vild	wild
V		**ville (vil, ville,**	will, want to
		villet)	
valg (-et, –)	choice, election	**vind (-en, -e)**	wind
valnød	walnut	**vindrue (-n, -r)**	grape
(-den, -der)		**vindstyrke (-n)**	wind force
var (see være)		**vinter**	winter
vare (-de, -t)	last	**(-en, vintre)**	
variere (-de, -t)	vary	**virkelig**	real, really
varm	warm	**virus (-sen, vira)**	virus
varme (-n)	heat	**vise (viste, vist)**	show
varmedunk	hot water	**vise sig**	turn up
(-en, -e)	bottle	**vistnok**	probably
vaske (-de, -t)	wash	**vittighed**	joke
vat (-tet)	cotton wool	**(-en, -er)**	
ved	at, on, about	**vores**	our(s)
ved (see vide)		**vred (-t, -e)**	angry
ved siden af	next to	**vrøvl**	nonsense

væk	away
vældig	very
være (er, var, været)	be
værelse (-t, -r)	room
værktøjslinje	tool bar
værre	worse
Værsgo	Here you are!
værst	worst
vågne (-de, -t)	wake up

W

wc (-'et, -'er)	WC
weekend (-en, -er)	weekend
wienerbrød (-et)	Danish pastry

Y

yngre	younger
yngst	youngest
yoga (-en)	yoga
yogurt (-en)	yogurt

Æ

æble (-t, -r)	apple
ældre	older
ældst	oldest

Ø

ø (-en, -er)	island
ødelagt	spoilt
øje (-t, øjne)	eye
øjeblik (-ket, -ke)	moment
øl (-let/-len)	beer
ønske (-de, -t)	wish
ønske (-t, -r)	wish
øre (-n)	øre
øre (-t, -r)	ear
ørepine (-n)	earache
Øresundsbroen	the Øresund Bridge
øst	east
Østersøen	the Baltic

Å

åben	open
åh!	oh!
år (-et, –)	year
århundrede (-t, -r)	century
årstid (-en, -er)	season

Index

The numbers refer to the pages in the book.